大学生体育锻炼理论与实践指导

石灵芝 著

延吉 · 延边大学出版社

图书在版编目（CIP）数据

大学生体育锻炼理论与实践指导 / 石灵芝著. 延吉 : 延边大学出版社, 2024. 5. -- ISBN 978-7-230-06661-7

Ⅰ. G806

中国国家版本馆 CIP 数据核字第 2024NT2486 号

大学生体育锻炼理论与实践指导

著　　者：石灵芝
责任编辑：朱秋梅
封面设计：文合文化
出版发行：延边大学出版社
社　　址：吉林省延吉市公园路 977 号　　邮　　编：133002
网　　址：http://www.ydcbs.com
E-mail：ydcbs@ydcbs.com
电　　话：0433-2732435　　传　　真：0433-2732434
发行电话：0433-2733056
印　　刷：廊坊市海涛印刷有限公司
开　　本：787 mm×1092 mm　1/16
印　　张：12　　字　　数：190 千字
版　　次：2024 年 5 月 第 1 版
印　　次：2024 年 6 月 第 1 次印刷
ISBN 978-7-230-06661-7

定　　价：68.00 元

前　言

随着高校体育改革的不断深化和大众体育的迅速发展，体育教育成为高等教育的一个重要环节，是高等学校文化教育的重要组成部分。

党的十八大以来，习近平总书记多次发表重要讲话，对高校体育教育寄予厚望，他指出："体育是社会发展和人类进步的重要标志，是综合国力和社会文明程度的重要体现。体育在提高人民身体素质和健康水平、促进人的全面发展，丰富人民精神文化生活，推动经济社会发展，激励全国各族人民弘扬追求卓越、突破自我的方面，都有着不可替代的重要作用。"这是对新时期高等学校体育教育进一步改革发展的准确定位，对高等学校体育工作者充分认识体育工作的价值和意义具有指导作用。

本书运用行为学理论进行研究，从大学生体育锻炼的科学基础入手，从体育锻炼的原则与方法、营养与卫生、运动处方、不同群体的指导方法几个方面介绍了大学生体育锻炼的相关内容，指出了体育锻炼是强身健体、维持健康的可靠且有效的方式，阐明了大学生进行体育锻炼的重要性和必要性。

书稿结构清晰，逻辑严密，语言简明，理论充实，为高等学校体育教育和大学生体育锻炼的相关研究和实践提供了一个可供参考的范本，具有一定的研究意义和参考价值。

目　　录

第一章 体育锻炼概述

第一节 体育锻炼的概念

一、体育锻炼与健康

（一）健康的概念

在不同的历史阶段，人们对健康的认识是有所不同的。从古代开始，人们一直认为健康与疾病是对立的关系，只要没有生病，就是健康的。直到今天，还有人是这么认为的，但这其实是一种比较消极的健康观念。1984 年，世界卫生组织（World Health Organization，以下简称 WHO）在其宪章中指出，“健康不仅是免于疾病和衰弱，而且是保持身体上、精神上和社会适应方面的完善状态。”之后，道德健康也被纳入健康的范畴。

健康的含义是宽泛而又具体的，美国学者提出的 Health、Wellness 健康观及健康五要素说最具有代表性。“Health”在英文中是健康的意思，这里指的是 WHO 对健康的定义；“Wellness”在英文中也是健康的意思，指的是能够增进健康的一种良好的生活方式；健康五要素说指的是身体、情绪、精神、社会、智力方面的健康，其具体的内涵如下所述：

身体健康指的是个人要通过科学合理的饮食、有规律的身体锻炼、积极参与能够预防疾病的活动、避免不良的生活习惯和不良嗜好等方式维持健康的体格。除此之外，还要掌握有关身体健康方面的知识，要对自己的身体健康有高度的责任感。

情绪健康指的是个人要具备合作精神和相互理解的精神，在日常生活中遇到问题能够妥善、合理地解决。

精神健康指的是个人能够正确地进行自我评价，能够与他人和谐相处，并且能够处理好自身需求与外界需求之间的矛盾。

社会健康指的是个人在社会生活中不会对他人造成伤害，个人应具备实现自己社会角色的能力。

智力健康指的是个人要具备乐于接受新鲜事物的思维，对于社会上出现的新观点也要乐于理解和接受，还要乐于寻求新的经验和体会。

除了上述的健康五要素以外，还有其他研究表明，职业方面的健康也应纳入健康的内涵中。

（二）健康的标准

人体是否健康，其实是有标准可以衡量的，WHO 提出的健康标准如图 1-1 所示。

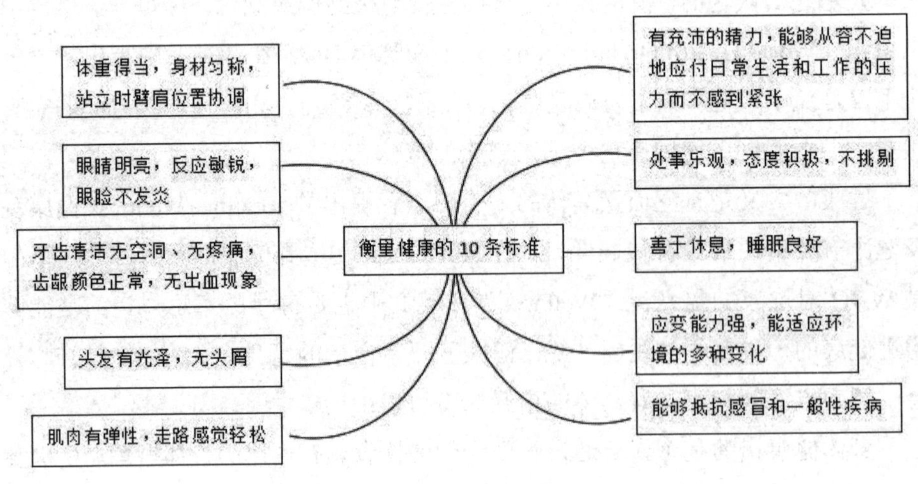

图 1-1　健康衡量标准

（三）体育锻炼对健康的影响

随着社会的发展和人们生活方式的改变，一些被称为“现代文明病”的疾病出现了，这使得健康问题引起了人们更加广泛的关注。

影响健康的因素是多方面的，包括但不限于生物、环境、生活方式等因素。

1992年，WHO在加拿大维多利亚市召开的国际心脏健康会议上发表了《维多利亚宣言》，该宣言提出了四大维护健康的基石——合理膳食、适量运动、戒烟限酒、心理平衡。这四大基石的其中之一——“适量运动”，就是我们这里所说的科学的体育锻炼。

体育锻炼是一种根据自身的需要，采用不同的运动方法和手段，结合一定的措施，进行的体育活动，目的是强健体魄、对精神和情绪进行调节，也可以丰富课余生活。体育锻炼在一定程度上来说，是强身健体、维持健康的最可靠且有效的方式。

二、体育锻炼与体质

体质是在遗传性和获得性的基础上表现出来的人体的形态结构、心理因素和生理机能的综合性特征，有相对的稳定性，体质的综合水平能在一定程度上反映人体的健康水平和对外界的适应能力。体质包括以下五个方面的内容：

第一，身体形态，包括人的体型、营养状况、体格及人的身体成分等。

第二，身体素质和运动能力，包括人的心肺耐力、柔韧性、耐力、速度、爆发力、肌肉力量、平衡和灵敏等身体素质，也包括人走、跑、跳、爬等身体活动运动能力。

第三，生理机能，具体指的是机体的新陈代谢能力，以及身体各个器官和身体系统的工作能力。

第四，适应能力，指的是人对于内在环境、外在环境条件的适应能力和应激能力，还包括人对于疾病的抵抗能力等。

第五，心理发育，包括机体的感知能力、人的个性和意志等内容。

每个人的体质在发展过程中都有其差异性和个体性，主要就表现在上述体质的五个方面，个体体质的水平也有很大的差别，分为最佳功能状态、功能障碍、严重疾病等多种不同的水平等级。当然，人的体质状况在儿童、青年、中年、老年时期也是不断发展和变化的，各个不同时期人的体质既有相同的特征，又在每个阶段表现出体质的特殊性。体质有其相对稳定性，但个体提高物质生活水平、养成良好的生活习惯、保持健康的生活方式、坚持科学的体育锻炼等仍是改善体质状况或者维持良好体质水平的方式。

三、体育锻炼与体适能

体适能就是我们平时所说的体能，是人体在应对正常的学习、工作生活时，不会感到非常疲劳，而且还有多余的力量进行休闲活动、有能力去应对其他突发事件的能力。体适能与体质是有一定区别的，体质是人体的质量，是静态的；而体适能是人体的一种适应性能力，是动态的。在一定程度上，体质对体适能有一定的决定作用。

（一）体适能的分类

1.健康体适能

健康体适能包括以下五个方面的内容：

第一，心肺耐力。心肺耐力指的是人持续进行身体活动的能力。一个人的心肺耐力越强大，其在学习和工作中就会感到越轻松，在进行各种运动时，也就能坚持更长的时间。

第二，柔韧性。柔韧性指的是人体各个关节的活动幅度和人体肌肉、肌腱、韧带等组织的弹性和伸展能力。柔韧性对预防肌肉紧张和保持良好的身体状态有着很重要的作用，柔韧性越高，人体的身体活动水平也越高。

第三，肌肉力量。肌肉力量具体指的是肌肉或者肌肉群抵抗阻力的活动能力。人体所有的活动都离不开肌肉力量，强壮的肌肉有利于预防关节损伤和身体疲劳。

第四，肌肉耐力。肌肉耐力具体指的是肌肉或者肌肉群在一段时间内重复进行收缩的能力，与肌肉力量有很密切的关系。

第五，身体成分。身体成分包括肌肉、骨骼、脂肪等。

2.运动技能适能

竞技体适能包括以下六个方面的内容：

第一，速度，指的是快速移动的能力，如短跑。

第二，力量，指的是克服阻力的能力，如举重、掷铅球。

第三，灵敏性，指的是在活动中快速、准确变换方向或身体动作的能力，如在足球运动中带球过人的能力。

第四，神经肌肉协调性，指的是能够综合反映出个人的视觉、听觉、平衡觉与熟练动作技能相结合的能力，如花样滑冰、艺术体操。

第五，平衡性，指在运动中或者由运动变为静止站立时保持身体平衡的能力，如舞蹈。

第六，反应时，指的是对外部刺激做出反应的时间。反应时在短跑起步项目中的作用非常重要。

（二）体育锻炼促进体适能

通过一定量的体育锻炼，可以提高人的体适能水平。目前，已经有大量的研究表明，进行有规律的、科学合理的体育锻炼，能够预防一些严重疾病的发生，如冠心病、糖尿病；适当的体育锻炼可以延缓衰老，维持老年人的身体健康，由此可以提升老年人的生活质量。科学、合理的体育锻炼对人体健康有很长远的积极意义，因此我们要养成良好的体育锻炼习惯，形成良好的生活方式，这对提高人体的体适能水平有着十分重要的意义。

第二节 体育锻炼的作用

体育锻炼是指结合日光、空气、水等自然因素，配合卫生措施，以促进人体生长发育和形态结构的发展、提高有机体工作能力、调节人的心理、消除疲劳、振奋精神，以及预防与治疗某些疾病为目的的身体活动。体育锻炼对改善整个民族体质，提高健康水平，有着重要的作用。

一、促进人体正常生长发育和发展

有机体的生长主要指细胞的繁殖和细胞的增加所造成的形体上的变化，它是人体量变的过程。而发育则是有机体各器官、各系统的结构逐渐完善，机体逐渐成熟的过程。

骨骼是人体的支架。骨骼的生长发育不仅对人体的形态有重要影响，而且对内脏器官的发育、对人的劳动能力和运动能力都有直接影响。骨骼的生长是软骨不断增生和骨化的结果，骨骼的生长发育需要不断地吸收营养物质。身体锻炼可以促进血液循环，增加对骨骼的血液供应。同时，身体锻炼中的各种动作也具有促进骨骼生长的作用。体育锻炼还能使骨密质增厚、骨小梁的排列更整齐，按照骨骼在身体活动中所承受力的方向有规律地排列，也使骨骼能承受更大的压力。

体重增加的一个重要原因是肌肉的增长，经常进行体育锻炼，可以改善血液供应情况，增加肌肉内的营养物质，特别是蛋白质的含量，使肌纤维变粗，工作能力加强。一般人的肌肉重量只占体重的35%～40%，而运动员的肌肉重量可占到体重的45%～55%。同时，由于运动能够促使肌肉中储存氧气的肌红蛋白增加，使毛细血管大量开放（比安静时多开放20～50倍），所以运动者的肌肉要比不运动者的肌肉有更多的能量储备，可以适应运动和劳动的需要。

二、促进人体机能的发展和提高基本活动能力

经常进行体育锻炼的人，首先发生变化的是中枢神经系统及主导部分，即大脑皮质。由于各器官系统的机能受中枢神经系统和体液的调节，所以在中枢神经系统机能发生变化的同时，各器官、系统也会发生相应的变化。身体锻炼对神经系统的影响，表现在人体在中枢神经系统的支配下，形成动作技能的条件反射。人体在活动中对外界刺激做出相应的反应，协调地完成各种动作，以及对自然环境的适应能力，都能促进神经系统的功能不断改善。

体育锻炼可促进心血管系统功能的提高，这主要表现在可以使心脏出现健康性肥大，一般来讲，人的心脏重 0.3 kg 左右，而运动员的心脏可重达 0.5 kg 左右。一般人的心脏容量为 765～785 ml，而经常进行锻炼的人的心脏容量为 1 015～1 027 ml，并且心脏收缩力加强，脉搏输出量增加，从而使每分钟心跳次数逐渐减少，有锻炼基础的人每分钟心跳比一般人少 10～20 次，从而使心脏在两次跳动中间能有较长时间的休息，恢复得更充分。在激烈的体育活动中，有锻炼基础的人当每分钟的心率达 200 次时，也不至于不舒服，而不经常锻炼的人往往承受不住这个心率。另外，经常进行锻炼的人，由于血管壁的弹性较好，血管中障碍物质少，心血管系统的机能会得到提高。

体育锻炼还可促进呼吸系统机能的提高。在进行体育锻炼时，由于全身物质代谢的提高，需要吸进大量的氧气、排出更多的二氧化碳，这样就能刺激呼吸中枢，迫使肺脏加强呼吸，扩大肺脏和胸廓的容量，增加呼吸频率，提高呼吸肌功能，从而使大量的空气通过肺泡，增加血液的含氧量。据测量，运动员的呼吸肌力量可达 200 mmHg，而一般人则为 60～100 mmHg。由于呼吸肌力量得以增强，吸气时胸腔就能扩张得更大，呼吸肌耐力也得到提高，因此运动员的呼吸差可达 9～16 cm，而一般人仅是 5～7 cm，由于身体锻炼促进了人体正常的生长、发育和发展，提高了人体的机能，人的基本活动能力也就自然地得到了增强。

三、体育锻炼可以防病治病

生物体从胚胎生长、发育、成熟到衰老、死亡，是一个不可改变的客观规律，但是体质的好坏、衰老的快慢却是可以控制的。

体育锻炼，特别是传统的健身方法，能够防病治病，推迟衰老，延年益寿，已被越来越多的人所重视。一般来讲，广泛采用的体育锻炼方法有慢跑、游泳、武术、气功、按摩及各种健身操等，体育锻炼在预防和治疗高血压、心脏病、动脉硬化、胃下垂、肺病等，甚至在治疗癌症方面，都有不同程度的疗效。

体育锻炼之所以能防病治病、推迟衰老，除了它能增强体质、促进新陈代谢、提高有机体自身抵抗力外，近年来，科学研究证明，它还可以提高免疫力。体育锻炼可使白细胞数量增加，使它们的活性增强，而白细胞可以吞噬细菌，增强机体的免疫力。

四、可以调剂情绪、振奋精神

体育锻炼可以转移注意力，调剂情绪，并在中枢神经系统的支配下，对有机体内部的各个方面的关系进行相应的调整和平衡，这对情绪和精神会有良好的作用。

人们在工作、学习和生产劳动之后会产生疲劳，而疲劳是有机体的生理过程发生障碍的结果，中枢神经系统在产生疲劳的过程中起着主导作用。适当的身体锻炼，可使人的大脑和有机体的各个组织系统得到更多营养物质的供应，促进其新陈代谢，同时使中枢神经系统尤其是大脑得到积极性休息，这可以使身体的各个部分由于产生疲劳而引起的失调得以消除，并使人体的机能不断提高、体质得到增强。

五、提高适应外界环境的能力

外界环境包括自然环境和社会环境两个方面。自然环境包括地理环境、季节变化和气候变化等。社会环境包括城市环境的影响及社会其他因素对有机体的刺激等。人体能否适应外界环境的变化，是衡量人体机能能力的重要标志。在日常生活中，有体育锻炼基础的人对外界的适应能力一般都比没有体育锻炼基础的人要强。例如，在体温调节的机能方面，有无体育锻炼基础就很不一样，在酷暑季节，体质差的人就容易中暑。

六、促进社会交往和增进友谊

体育锻炼是一种社会现象，人们通过体育锻炼，可以促进社会交往和增进友谊。近年来，随着国际上大众体育的迅速兴起，发展体育事业已成为社会活动的重要方面；各种群众性体育组织的建立，使有计划、有组织地推动与开展各种体育活动成为可能，人们利用业余时间积极参加这些活动，并把对社会的体育事业发展有所贡献作为自己的职责和荣誉，这对促进社会交往和增进友谊具有积极意义。

七、对培养良好的品质和高尚的情操具有积极作用

进行体育锻炼需要有明确的目的、动机，为了实现目的，个体需要具有自觉性、自制力和坚持性。长期进行体育锻炼的人都有这样的体会，如果没有克服困难的毅力是不可能长期坚持的。

在体育锻炼中，需要完成一定的身体练习和承受一定的运动负荷，如果没有自觉性和坚持性，是不可能做到的。

第三节 体育锻炼的意义

体育锻炼是运用各种身体练习方法，结合日光、空气、水等自然因素，配合卫生措施，以促进人体生长发育和形态结构的发展，提高有机体工作能力，调节人的心理，消除疲劳，振奋精神，以及预防与治疗某些疾病为目的的身体活动。体育锻炼对改善整个民族体质、提高人的健康水平有着重要的作用。

一、体育锻炼与健康长寿

健康是人类共同的愿望。随着社会的进步、人们生活水平的改善，以及体育卫生事业的发展，人类的平均寿命有了明显增长。在我国古代，一般认为百岁以上是人的自然寿命，汉代王充指出："强弱夭寿，以百为数，不至百者，气血不足也。"嵇康在《养身论》中说道："上寿百二十，古今所同。"目前，世界上关于人的自然寿命有三种学说，生物学家巴风的"寿命系数"理论，认为动物的自然寿命是生长发育期的5～7倍，人的生长期为20～25年，则自然寿限应是100～175岁；科学家又根据生物学规律，提出动物的自然寿命相当于性成熟期的8～10倍，人的性成熟期为14～15年，则自然寿限应是110～150岁；美国科学家海尔弗利克根据细胞分裂次数，推算人的自然寿命也是在120岁左右。

影响健康长寿的因素有很多，但是，最积极、最经济、最有效的方法是坚持体育锻炼，因为生命在于运动。资料表明，家兔是由野兔驯化而来的，但家兔的寿命只有4年或5年，而野兔可活15年左右；家狗的寿命仅有13年，而苏格兰牧羊狗却可活27年。生物学家把这两种动物的心脏与身体的相对重量作了比较，发现野兔的心脏重量是家兔的3.2倍，猎狗的心脏重量是家狗的2.2倍。这是野生物长期在野外奔跑捕捉猎物的结果，野外奔跑使它们的心血管系统得到良好的发展，这也说明了运动与寿命的关系。

二、体育锻炼与智力开发

智力是在掌握人类知识经验和从事实践活动的过程中发展的，身体活动与智力开发有着密切的联系。体育运动需要人们有高度的接受和筛选信息的能力，具有良好的思维能力，以及丰富的想象力和创造力。运动员能用灵活多变的技术和战术战胜对手，也是他们智力高度发展的体现。

近年来，国内外不少学者注重用气功开发智力。我国部分学校推行保健气功的实验证明，练功后学生精力充沛，头脑清晰，思维敏捷，注意力更集中，理解力增强，并且记忆力、辨别力和观察力也有明显提高。这也说明体育锻炼对智力开发大有裨益。

三、体育锻炼与情绪的调节和情感的发展

体育活动不仅可以调节紧张、单调的学习生活，而且能消除不安、焦躁的不良情绪，使人感到愉快、轻松和振奋。

体育活动还能发展社会交往能力，建立和谐、协调的人际关系，培养团结友爱、互相协作的集体主义精神，加强组织纪律性，促进良好道德观念和行为的形成。

四、体育锻炼的内容分类

（一）按锻炼的目的和要求进行分类

1.健身运动

健身运动可以促进身体正常发育，使身体各部分协调发展，增强人体各器

官系统的机能，提高身体素质和基本活动能力，如田径、体操、球类、武术、游泳等，都是增强体质的重要手段。

2.健美运动

健美运动是指为谋求人体健美而进行的身体锻炼，如为发展、锻炼肌肉而进行的举重和各种器械练习，为培养良好的体态而进行的艺术体操、健美操等身体练习。

3.娱乐性体育

娱乐性体育是指为调节精神、丰富文化生活而进行的体育运动，如郊游、登山、轮滑运动、跳绳等。

4.格斗性体育

格斗性体育是指为掌握和运用一些格斗的攻防技术而进行的身体锻炼，既能强身，又能自卫，如擒拿、散手、拳击等。

5.医疗保健性体育

医疗保健性体育是指运用防病的体育手段和方法，促进内脏器官机能恢复，如保健体操、健身跑、太极拳、太极剑、气功等。

（二）按竞技项目进行分类

竞技体育具有国际性、竞赛性、观赏性和趣味性等特征，主要内容包括现代夏季、冬季奥运会的各种运动项目。

（三）按发展身体素质的要求进行分类

1.发展力量素质

力量是指肌肉紧张或收缩时所表现出来的一种能力，它是身体素质的基础。发展力量的锻炼项目有举重、体操和各种器械练习等。

2.发展速度素质

速度是指人体进行快速运动的能力，速度的表现形式有反应速度、动作速度和周期性运动中的位移速度。反应速度是指人体对情况的突变或预定信号产生反应的快慢，如短跑的起跑、守门员的扑球等。动作速度是指人体完成单个动作或成套动作所用时间的长短，如跳跃项目的起跳速度、投掷项目的出手速度等。位移速度是指人体在单位时间内移动的距离，如走、跑、游泳等。发展速度素质的方法有很多，可选择一些动作频率高和需要反应速度快的运动项目，如短跑、球类等。

3.发展耐力素质

耐力是指人体长时间进行肌肉活动的能力，包括一般耐力和专项耐力。发展耐力的基本途径有两种，一是增强肌肉力量，进行提高肌肉耐力的练习；二是改善神经系统的调节能力和提高心肺功能。发展耐力素质的锻炼项目有长跑、足球、游泳和爬山等。

4.发展灵敏素质

灵敏是指人体表现出来的快速随机应变能力，既与神经系统有关，又与力量、速度、协调性密切相关。发展灵敏素质的锻炼项目有体操、武术和各种球类等。

5.发展柔韧性素质

柔韧性是指人体完成大幅度动作的能力，它取决于肌肉、韧带的弹性和关节活动范围的大小，也取决于肌肉紧张和放松的协调能力。发展柔韧性的练习有摆腿、踢腿、压腿、甩腰、涮腰、纵叉和横叉等。

第二章 大学生体育锻炼的科学基础

体育锻炼是运用各种体育手段，结合自然力（日光、空气、水）和卫生措施，以发展身体、增进健康、增强体质、娱乐身心为目的的身体活动过程。它是群众性体育活动的主要形式，对促进人体生长发育，培养健美体态，提高机体工作能力，消除疲劳，调节情感，防治疾病，益寿延年，乃至提高和改善整个民族体质，都有重要作用。本章内容涉及大学生体育锻炼的解剖学基础、生理学基础、心理学基础和社会学基础。

第一节 大学生体育锻炼的生理学基础

健康是幸福生活的基础，也是事业成功的必备条件。要做到科学地进行体育锻炼并促进身体健康，就要了解体育锻炼的基本生理学知识，这有助于了解自身的身体状况并设置合理的体育锻炼目标，从而发挥体育锻炼对健康的最大效益。

一、大学生体育锻炼与运动系统

人体的各种运动都是由骨骼肌收缩产生力量，再作用于骨骼，最后骨骼绕着关节运动而完成的。运动系统包括骨、关节、肌肉三个部分，科学的体育锻炼可以对运动系统产生良好的影响。

（一）体育锻炼对骨骼产生的影响

长期进行体育锻炼，可以改善骨骼的血液循环，加强骨骼的新陈代谢；可使骨径增粗，骨质增厚，使得骨质排列规则、整齐；随着骨骼形态结构的良好变化，骨骼在抗折、抗弯、抗压缩等方面的能力都会有所提高。

进行体育锻炼的项目不同，对人体各部分骨骼的影响也不同。经常进行以下肢活动为主的项目练习，如跑、跳等，对下肢骨骼的影响较大；而进行以上肢活动为主的项目练习，如举重、投掷等，对上肢骨骼的影响较大。但体育锻炼的效果并不是永久的，当体育锻炼停止后，对骨骼的影响作用也会逐渐消失，因此体育锻炼应经常化。同时，体育锻炼的项目要多样化，以免造成骨骼的畸形发展。

（二）体育锻炼对关节产生的影响

科学、系统的体育锻炼，既可以提高关节的稳定性，又可以增加关节的灵活性和运动幅度。体育锻炼可以增加关节面软骨的厚度，并可使关节周围的肌肉发达、力量增强、关节囊和韧带增厚，因而可使关节的稳固性加强。在增加关节稳固性的同时，关节囊、韧带和关节周围肌肉的弹性与伸展性的提高，可使关节的运动幅度和灵活性大大增加。

（三）体育锻炼对肌肉产生的影响

1.增大肌肉体积

运动员，特别是举重等力量型项目运动员的肌肉块明显大于一般人，这说明体育锻炼和运动训练可以使肌肉体积增大。体育锻炼对肌肉体积的影响非常明显，一般只要进行力量训练，就可以使肌肉体积增大。

2.增加肌肉力量

体育锻炼可以增加肌肉的力量已被大量实验所证实，而且体育锻炼增加肌肉力量的效果也是非常明显的，经过数周的力量练习，就会使肌肉的力量明显增加。

3.增强肌肉弹性

有经常参加体育锻炼习惯的人，在运动时经常进行一些牵拉性练习，从而使肌肉的弹性增强，这样可以避免人体在日常活动和体育锻炼过程中由于肌肉的剧烈收缩而造成各种运动损伤。

二、大学生体育锻炼与能量供应

（一）人体运动时的能量供应

1.运动时的供能系统认知

人体在运动时的唯一的、直接的能源是体内的一种特殊的高能磷酸化合物，即三磷酸腺苷（Adenosine Triphosphate，以下简称 ATP）。肌肉在活动时，肌肉中的 ATP 在酶的催化下，迅速分解为腺苷二磷酸（Adenosine Diphosphate，以下简称 ADP）和磷酸，同时释放出能量供肌肉收缩。但是人体肌肉内 ATP 的含量很少，依靠肌肉中的 ATP 做功只能维持 1 s 左右，因此机体只有不停地合成 ATP，才能满足肌肉收缩的需要。人体内有三个系统可以合成 ATP，分别是磷酸原系统（Phosphagen System，简称 ATP-CP 系统）、乳酸能系统和有氧氧化系统。

2.运动时供能系统的特点分析

人体进行各种不同的运动，其能量都由以上三个供能系统供应，发展这三个供能系统的方法各不相同。

（1）磷酸原系统

肌肉活动的直接能源是 ATP，ATP 水解为 ADP，释放出能量供肌肉做功。磷酸肌酸（Creatine Phosphate，以下简称 CP）是储存在肌细胞内的另一种高能磷化物，在安静状态下，肌肉中 CP 的含量约为 ATP 的 3 倍。在剧烈运动时，当肌肉中 ATP 含量减少而 ADP 含量增加，ATP/ADP 的比值将变小。ATP/ADP 比值对于机体调节能量代谢有着极大的意义，其比值稍一变小，即可促使 CP 分解释放能量，供 ADP 再合成为 ATP；在运动后的恢复期，肌肉中 ATP 大量合成后，经肌酸激酶的催化作用，再合成为 CP。研究证明，全身肌肉中磷酸原系统的供能能力仅能持续 8 s 左右。磷酸原系统供能是短时间、大强度运动的主要供能方式。发展这一系统供能能力的最好的训练方法，是采用持续 10 s 左右的全速跑，且重复进行练习，中间休息 30 s 以上。

（2）乳酸能系统

当机体进行稍长时间（多于 10 s）的大强度运动时，仅靠 CP 已不能满足机体对能量的需求，而此时供给机体的氧量也不能满足运动的实际需要。在这种情况下，ATP 的再合成主要依靠肌糖原的无氧酵解。由于糖酵解的产物是乳酸，所以将这一系统称为乳酸能系统，又称无氧糖酵解系统。依靠糖酵解再合成的 ATP，使得剧烈运动可持续 30～40 s。

由于乳酸的生成和积累，酵解作用部分完全被抑制，因此依靠糖酵解供能的运动不能持续太长时间。400 m 和 800 m 跑是典型的乳酸能系统供能的运动项目。

（3）有氧供能系统

在氧气供应充足的条件下，机体利用糖和脂肪氧化分解成二氧化碳与水，同时释放出大量能量来合成 ATP，这一过程称为有氧供能系统。除糖和脂肪氧化供能外，蛋白质也可参与供能，但所占比例较小。在运动初期，糖是主要的供能物质，随着运动时间的延长，脂肪供能比例增加，蛋白质也将参与供能。所以，有氧供能系统是进行长时间耐力运动的主要供能系统。人体的有氧供能能力与心肺功能有关，要提高这一供能能力，可采用较长时间或较低强度的匀速跑，或较长距离的中速间歇训练等。

无氧供能和有氧供能是机体在不同的运动强度和运动时间下，依据需氧量的不同而采用的两种供能方式，二者紧密相连，不可分割。10 s 以内的短时间、大强度运动，几乎完全依赖无氧供能；800 m 跑的无氧供能与有氧供能比例相差不大；在长时间、低强度的运动中，有氧供能占主导地位。

当肌肉收缩时，肌细胞中 ATP 水解后的再合成并不是孤立地依靠某一种能量代谢提供的高能磷酸基团。在各种供能系统的能量转换机制之间有着密切的联系，可以保证整个肌细胞能量代谢的有机协调和高效率。因此可以认为，在肌细胞内 ATP 再合成的过程中，各种代谢途径所提供的高能磷酸基团之间的转换，是一种极其有效的细胞自身调节机制。

（二）运动时的能源物质消耗

糖、脂肪和蛋白质是机体主要的能源物质，人体生命活动所需能量的60%～70%来自糖。在安静时，人体的糖供能占 25%，脂肪供能占 75%，糖供能比例与运动强度的增大成正比。在长时间低强度运动时，脂肪是人体最主要的能源；在运动强度为 25%最大摄氧量水平时，糖和脂肪供能各占 50%左右；当运动强度达到 50%最大摄氧量水平时，糖供能占身体总耗能的 65.9%，成为运动时主要的供能物质；在 70%～90%最大摄氧量水平范围内运动时，肌糖原是决定性的供能物质。

（三）运动时的血糖浓度变化

在安静状态下，血糖浓度的正常值为 80～120 mg/dl，处于进入血液和组织摄取的动态平衡之中。血糖是中枢神经系统的基本能源物质，也是长时间运动时骨骼肌的重要代谢产物。在运动时，血糖浓度的变化主要是由肝脏输出葡萄糖的速率和工作肌摄取的血糖量来决定的，中枢神经系统摄取血糖的速率基本上与休息状态时的相同。

当短时间大强度运动时（如 100～800 m 跑），骨骼肌主要依靠肌糖原酵解供能，此时不但不摄取血糖，而且可能释放少量葡萄糖到血液中，但血糖浓度基本上没有变化；如果运动时间相对较长（如 1 000～3 000 m 跑），骨骼肌仍以利用肌糖原进行有氧氧化和无氧酵解为主要的能量代谢方式，摄取利用血糖很少，此时肝脏输出葡萄糖的速率增加，葡萄糖进入血液的速率明显超过组织器官摄取葡萄糖的速率，血糖浓度明显升高，可达到 180～200 mg/dl 以上，出现尿糖现象；如果运动时间持续更长（如 50 00～10 000 m 跑），因肌糖原已有一定的消耗，骨骼肌摄取利用血糖速率相对增大，血糖浓度开始有所下降，但仍显著高于休息状态时，大约为 130～140 mg/dl；当长时间运动时，由于肌糖原大量排空，骨骼肌摄取利用血糖速率显著增大，肝糖原储存量也大量排空，利用糖异生作用来生成和输出葡萄糖已很难满足机体的需要，如果没有外源性葡萄糖的补充，血糖浓度会出现进行性降低，甚至可能出现低血糖现象，严重时还会引起低血糖休克。血糖下降首先影响神经系统的正常活动，是引起中枢疲劳的重要因素。因此，在进行长时间运动（如跑马拉松）时，比赛过程中应适当补充糖，以弥补血糖的降低。

（四）运动后的能源物质恢复

在运动时，人体内的代谢加强，以不断满足身体对能量的需要。在运动中及运动后，需要不断补充和恢复能源物质。能源物质的恢复过程大致可分为三个阶段。第一个阶段是在运动中恢复过程就已经开始。这时机体一边消耗能量，一边补充能源物质，由于消耗大于补充，能源物质的储量逐渐下降。第二个阶段是运动结束后，此时能源物质消耗已逐渐减少，而恢复过程却不断增强，锻炼中消耗掉的能源物质不断得到补充，直至补充到锻炼前的水平。第三个阶段是超量恢复阶段，能源物质恢复到原水平后并未停止，而是继续恢复补充，在一段时间中，能源物质的恢复可超过原有水平，这在生理学上称为超量恢复。在这一段时间过后，能源物质的储备又会回到原有水平。如果经常坚持体育锻炼，不断增强能源物质的恢复能力，超量恢复便能达到更高程度，体质也就不断得到增强。

（五）运动时的超量恢复

在运动时，消耗过程占优势，由于能源物质的消耗大于恢复，所以运动时能源物质逐渐减少，肌肉和身体各系统的工作能力逐渐下降。当运动停止后，消耗过程减弱，恢复过程占优势，这时能源物质和各器官系统的功能逐渐恢复到原来的水平。体内能源物质的再生与合成进一步加强，运动时被消耗的物质不但恢复到原来的水平，而且在一段时间内超过原来的水平，此时机体的工作能力最强，随后又逐渐回到原来的水平，这就是超量恢复现象。

超量恢复是体育运动的重要理论依据。在进行高强度、超负荷的运动训练后，运动水平能否提高取决于超量恢复的水平。因为超量恢复使机体中能源物质的储存高于以往，负荷能力增强，因此超量恢复时是投入训练的最好时机。可以说，充分恢复的标准就是机体能否最大限度地超量恢复。超量恢复是 ATP、CP、肌糖原、蛋白质等能源物质的超量补偿和存储的过程。

超量恢复是建立在两个基础上的，那就是充足的营养和充分的睡眠。机体在承担一定的负荷后要经历疲劳—恢复—超量恢复的过程，要使疲劳症状得到恢复，使机体产生超量恢复，就得让机体在承受一定的负荷后得到休息，使负荷与休息交替进行。在保证机体充分恢复的前提下，负荷越大，对机体的刺激越深刻，产生的超量恢复水平也就越高，这就必须对每天训练中的负荷进行科学、合理的安排。

三、大学生体育锻炼与供氧系统

（一）氧运输系统认知

氧运输系统对人的健康及生命活动有着十分重要的作用，它把氧气从体外吸入体内并运送到各器官组织，供人体生命活动的需要。氧运输系统由呼吸系统、血液系统与心血管系统组成。呼吸系统把氧气从体外吸入体内，氧气进入血液与血液中的血红蛋白结合，由心脏这个血液循环的动力站不停地推动，使血液流遍全身，将氧气送到各组织器官。人体从外界环境摄取氧的能力，受到氧运输系统各环节功能的制约。

氧运输系统工作的第一个环节是肺的呼吸运动，实现肺与外界环境的气体交换及肺泡与肺毛细血管血液间的气体交换。肺活量是指尽最大可能深吸气后做最大可能呼气的量。健康成年男性的肺活量为 3 500～4 000 ml，健康女性的肺活量为 2 500～3 500 ml；健康男性每 100 毫升血液中血红蛋白的含量为 12～15 g，健康女性每 100 毫升血液中血红蛋白的含量为 11～14 g。

在整个氧运输系统中，心血管系统的功能处在最重要的地位，心脏是推动血液不断向前流动的动力，血管则是血液流动的管道，起着运输血液与进行物质交换的重要作用。健康成年人每分钟心跳为 75 次左右。心脏每搏动一次大约向血管射血 70 ml（称每搏输出量），心脏每分钟向血管射血 5 L 左右（称每分输出量）。

心脏射出的血液在血管内流动时对血管壁形成一定的侧压力，这就是血压。我国健康成年人在安静时的收缩压为 10.2～12.2 kpa（100～120 mmHg），舒张压为 6.1～9.2 kpa（60～80 mmHg），脉压为 3.0～4.0 kpa（30～40 mmHg）。血压可随年龄、性别和体内生理状况的变化而有所变动，而有训练者与无训练者呼吸循环系统的生理机能指标是不同的（见表 2-1）。

表 2-1 有训练者与无训练者呼吸循环系统的生理机能指标对比

指标	有训练者	无训练者
最大每搏输出量/ml	180	120
安静时心率/（次/min）	40	70
心容积/L	0.95	0.75
血红蛋白/（g/L）	13.7	11.6
运动时最大血流量/（L/min）	135	110
最大每分钟摄氧量/L	6.5～8.0	3～4

上述呼吸系统、血液系统与心血管系统共同组成人体的氧运输系统，保证生命活动对氧的需要。

（二）氧运输系统功能的重要标志：最大吸氧量

衡量人体氧运输系统功能的强弱，除了可用呼吸系统或心血管系统的一些指标外，常用的综合性指标就是最大吸氧量。每个人都可以通过简易的测定法来了解自己最大吸氧量的大小及变化。

1.最大吸氧量及其正常值

最大吸氧量指人体在剧烈运动时，呼吸和循环系统功能达到最大能力时人体每分钟所能摄取的氧气量，或者简单地说，就是运动时每分钟能够吸入并被身体所利用的氧气的最大数量。最大吸氧量直接反映个人的最大有氧代谢能力，标志着一个人氧运输系统功能的强弱。

人的最大吸氧量受到年龄、性别、健康状况、训练水平、疾病及遗传等多方面因素的影响。普通健康人的最大吸氧量为 2 L/min 或 3 L/min，而经常锻炼的人或运动员可达 4 L/min 或 5 L/min，耐力优秀的运动员甚至可达到 6 L/min 或 7 L/min。

2.最大吸氧量与运动能力的关系

由于运动时肌肉的激烈活动使得机体对氧的需要较平时大大增加，因此人体最大摄氧能力的高低直接影响运动能力，尤其是以有氧代谢为主的耐久力性质的运动与最大吸氧量的关系更紧密。因此，经常运动的人比不运动的人的最大吸氧量要大；而在不同项目的运动中，对于耐力性要求越高的运动项目，其运动员的最大吸氧量也就越高。

四、大学生体育锻炼与神经系统

神经系统是人体重要的机能调节系统，人体各器官、系统的活动，都是直接或间接地在神经系统的控制下进行的。通过神经系统的调节作用，人体对内外环境的变化可产生相适应的反应，人体内部与周围环境达到协调统一，从而使人体的生命活动得以正常进行。

（一）反射活动的反馈调节认知

神经系统的机能非常复杂，其活动的基本方式是反射。反射是指在中枢神经系统的参与下，机体对内外环境的变化所作出的反应。反射分非条件反射和条件反射。人体的各种机能调节，每个反射活动都是连锁反应。当机体接受一个刺激而发生反射时，效应器上的特殊感受细胞或感受器都能将效应器活动的信息——反馈信息随时传回中枢；神经中枢根据反馈信息不断地纠正和调整感受器发出的反射活动，使效应器的活动更加准确、协调。

（二）神经系统对躯体运动的调节作用

神经系统对躯体运动的调节，就是对骨骼肌活动的调节和人体正常姿势的维持。通过调整日常生活中的走、跑、跳、投和旋转等动作，以及在此基础上建立起来的各式各样的运动动作，来达到对躯体运动的控制。

当人体保持常态姿势时，一旦体位受到外力作用而发生变化，就会依靠神经系统反射性地调节，使全身肌肉紧张并重新分配，以保持或改变身体在空间中的位置。这种通过中枢神经系统调节使骨骼肌紧张或产生相应的运动以保持或改变身体在空间中的姿势或位置的活动，称为姿势反射。姿势反射主要有状态反射、翻正反射等。

（三）神经系统对内脏活动的调节作用

支配内脏活动的神经系统，称为植物性神经系统。按其结构和功能的不同，可分为交感神经系统和副交感神经系统。身体中除了肾上腺髓质、汗腺、皮肤和肌肉中的血管只接受交感神经系统支配外，其他内脏器官都接受交感神经系统和副交感神经系统的双重支配。与支配躯体运动的神经相比，植物性神经系统在机能上的惰性更大。

五、人体生长发育与遗传变异

任何生物体在其一生中，由于同化作用大于异化作用，都经历了从小到大的生长过程，其构造和机能也都要经过一系列的变化才能成熟。

在人体的生长发育期间，有两个生长发育的高峰，男女生长发育的曲线有两次交叉。第一个高峰是在 1 周岁，从出生到 1 周岁平均身高增长 25 cm，体重约增长 2 倍。第二个高峰期，男性是 12～14 岁、女性是 10～12 岁，平均身高分别增长 6.65 cm 和 5.95 cm。

根据人体的生长发育规律，一般到 25 岁时，人体各器官系统均已发育成熟，一直到 40 岁以前这个阶段被称为成熟期，也叫青壮年期，这个时期是人的生命力最旺盛的时期，此时，人体处于较稳定的状态。在青壮年骨骼的化学成分含量中，水分与有机物较多，无机盐（钙）逐渐增多，在青年人的骨骼中无机盐约占 50%，在中年人的骨骼中无机盐约占 66%，其骨化过程已经完成。这个时期是人体生命过程中的“黄金时代”；而 35～40 岁是人体生命过程的分界线，此前是发育成熟期，此后是衰退期。随着年龄的增长，一般情况下，衰退速度在逐步增加，表现为机体组织和器官的改变、机体功能的适应能力和抵抗力的衰退。

在体育锻炼过程中，各种身体运动都是对机体的一种刺激，对身体的发展能起到强化作用。体育锻炼首先可以使机体处于异化作用大于同化作用的状态，造成体内能量物质的消耗，进而在逐渐减少运动量和运动强度的过程中，使机体进入恢复过程，逐渐达到同化作用大于异化作用的状态，超过机体原有的能量储备水平，进入新的平衡状态。在这种新的平衡状态下，周而复始地增加刺激，使得机体形态结构发生质的变化，机能水平不断提高，从而促进身体健康，延缓衰老。

遗传和变异是生命的基本特征之一，并且是生物演变过程中的一对矛盾，也是生物变化发展的内在依据，在这个过程中形成了有机体的适应性和多样性。体育锻炼的作用主要体现在人体的遗传上，体育手段可对有机体的某些形态结构、生理机能和心理素质产生影响，并使它们不断向适应社会需要的方向发展。在人类社会发展中，随着社会环境的改变，人们的需要不断发生变化，从而导致人们的行为也发生变化。体育锻炼的长期性及运动刺激的不断强化，必然使得身体某些器官系统的功能不断加强，使人们的体质逐渐增强。

第二节 大学生体育锻炼的心理学基础

心理品质是指一个人的心理过程和个性心理特征两方面表现出来的本质特征，包括动机、态度、兴趣及意志品质等。良好的心理品质为体育锻炼奠定了坚实的基础。

一、大学生体育锻炼中的运动知觉

运动是一切事物存在的基本形式，它必须要在一定的空间和时间中进行，离开空间和时间这些事物存在的外部条件，运动就无法表现。运动知觉是人脑通过视觉、平衡觉等多种感觉协同活动实现的对外界物体运动或自身运动特征的感知。它是一种复杂的知觉，根据所反映的对象的不同，可分为本体运动知觉和客体运动知觉。

（一）本体运动知觉

本体运动知觉是运动者对自身各部分运动和位置变化的反映，包括动作感知觉，如躯干的弯曲、伸直；四肢的动作、头部的位置等；运动形态感知觉，如直线、曲线、圆周运动等；运动方向感知觉，如运动方向的向左、向右、向上、向下、向前、向后等；运动时间和速度感知觉，如时间的长短、运动的节奏、运动的速度（加速或减速）等；运动用力感知觉，如用力的大小、阻力、重力等。

本体运动感知觉在体育运动中具有十分重要的意义，对自身运动的感知是完成身体运动的前提和基础。例如，做前滚翻，需要低头、团身，在初学时，若抬头、展体，就不能完成动作。

（二）客体运动知觉

客体运动知觉即对外界物体的运动知觉，是由物体的运动方向、距离、形状大小、速度等因素组成的，它包括对他人的感觉和对外界物体的感觉两种，前者如对手、伙伴，后者如球、铁饼、标枪等物体。对外界物体的运动知觉能力是发展相关技术不可缺少的心理素质。

（三）专门化的运动知觉

专门化的运动知觉也称为专项运动知觉，是通过运动训练形成的高度分化的运动知觉。根据所从事运动项目的不同，专项运动感知觉有不同的表现形式，如篮球运动中的“球感”、游泳中的“水感”、器械体操中的“器械感”等。个体在形成和发展专门化运动知觉中所花费的时间有长有短，最终的发展水平也有较大差异，这主要是个体机能水平不同所造成的。

（四）运动知觉形成的特点分析

运动知觉的形成相对一般事物知觉的形成要复杂和困难，了解其形成的特点，十分有利于教学和训练，有利于学生对动作技术的掌握。

运动知觉的形成和发展分为以下三个阶段：

在第一个阶段中，个体可以直接感知的技术动作是直观的具体动作，始发信息是视觉信息，而不同于语言文字信息。在这一阶段，学生的学习任务主要是观察教师的示范，尽可能看得准确、完整。

第二个阶段主要是通过学生的深度模仿和练习实现的。直接的尝试模仿和练习输入的信息主要是本体运动知觉，因为运动知觉不像视觉那样明确，不能一次性地感知，必须重复多次，才可使运动知觉逐渐明确起来，因此这是技术动作学习的关键阶段。

第三个阶段是随着时间的继续推进，运动知觉逐渐明确化，技术动作逐渐变得准确。运动知觉从模糊状态逐渐变得明确化的过程，也是逐步掌握运动技术的过程。在这一过程中，教师的讲解、示范和辅导是使运动知觉清晰的重要条件，自身的反复练习是必要条件。

二、大学生体育锻炼的动力调节系统

在日常生活中，人们参加体育锻炼的积极性各有差异，这是由于他们在体育锻炼的动机、态度、兴趣等动力因素上的不同而造成的。所以研究体育锻炼的动力调节系统，有助于指导、激励更多的人去参与体育锻炼。

（一）体育锻炼动机

体育锻炼动机是指个体在运动需要的推动下促使其参加体育活动的内部动力。动机与需要有密切的联系，动机来源于需要，需要是个体在生活中感到某种欠缺而希望获得满足的一种内心状态，它是机体自身或外部生活条件需求在人脑中的反映。

1.体育锻炼动机的产生

动机的产生，一是来自内在需要，二是来自外部诱因。

（1）体育活动需要

需要是人们对某种目标的渴求或欲望，主要与人们的主观愿望相联系。动机在需要的基础上产生。对体育活动需要来说，它是人的一种“缺乏感”体验，以参加体育活动的意向、愿望等形式表现出来，最终产生推动人进行体育活动的动力。对大多数体育锻炼者来说，他们的体育需要可以概括为如下方面：增进健康的需要；追求运动带来的快乐、振奋、放松感；在运动情境中获得友谊和社会交往机会；作为工作和学习活动的补偿与调整，借以转换和调整情绪；展示体能与技巧，满足追求成就等需求；了解体育知识、掌握运动技能的认识需要等。

（2）体育锻炼的诱因

体育锻炼的诱因是指激起个体参与体育行为的外部原因，它是能引起个体参与体育锻炼并能满足个体需要的外部刺激。这些外部刺激统称为环境因素，包括物质因素和精神因素。

引起个体参加体育锻炼的环境因素有很多，如先进的体育器材设施、生活中朋友之间的情绪感染等，这些都能激发人们参与体育锻炼的动机。

2.体育锻炼动机的培养途径

从体育锻炼动机产生的条件来看，内在因素是一个人能否参加或者坚持体育锻炼的决定性因素。虽然我们可以通过改善体育设施、提高奖励等外部因素来激发体育锻炼的动机，但从长远来看，只有让体育锻炼者从内心认同体育锻炼的价值，体育锻炼才会更持久。为此，体育锻炼动机的培养就显得尤为重要。

（1）树立正确的体育价值观

体育价值观是体育的价值在人们头脑中的反映，或者说是体育价值的基本观点、基本看法，是指导人们对体育问题作出价值判断和价值取向的基本原则。它反映了个体对体育的好坏、主次、轻重的看法，以及可能采取的态度和行为。体育价值观是决定体育参与和动机行为的心理基础。因此，在体育动机培养中，要注重培养体育锻炼者树立正确的体育价值观。

（2）目标设置

在体育锻炼或者教学活动中，都要设立具体的目标，如跑步的距离、时间等。体育锻炼目标设置可以从四个方面影响体育锻炼者的心理：

①将注意和行为引向活动任务的重要方面；

②调动锻炼者的积极性，提高练习质量；

③促使锻炼者为完成目标而设计和执行新的学习策略，消除枯燥感，提高挑战欲和成就动机；

④目标的设置要有利于锻炼者的短期努力和长期努力。

（3）创设情境

情境属于激发体育锻炼动机的外部诱因，情境的设置应具有诱发动机的功能。情境不同，其锻炼的效果也会不同。在体育教学或者体育锻炼中，都要设置有利于激发动机的情境，如锻炼者选择环境好的环境去锻炼、体育教师对学生进行耐心指导和帮助等。

（4）积极反馈

在体育技能练习过程中，无论是反馈正确的动作信息，还是反馈错误的动作信息，都有利于锻炼者坚持目标或修正目标，使已有动机得到强化。在进行反馈时，应注意做到以下方面：

①及时反馈，即在动作练习当中或完成之后立即给予反馈；

②积极反馈，反馈具有双重作用，即加强或削弱的作用，所以反馈的内容应以具有积极性的内容为主；

③有效反馈，即不同的练习者视自己的能力作出适量的反馈。

（二）体育态度

体育态度是指个体对体育活动所持有的评价、体验和行为倾向的综合表现。它包括人们对体育活动的目的、意义、价值的理解和评价，以及对体育活动的情感体验和行为反应。它影响着体育项目的选择和体育锻炼的效果。

体育态度具有后天获得性、指向性、稳定性等特点。这里的指向性是指人们的体育态度必定指向一定的具体对象，并不是泛泛而谈的。

1.体育态度与体育锻炼的界定

部分研究结果表明，体育态度与体育参与不存在相关性，换言之，体育态度正确未必就能积极参与体育锻炼。这虽然是事实，但不能以偏概全把体育态度对体育参与的积极作用抹杀掉。大量的研究表明，体育态度对体育锻炼具有良好的促进作用。一个对体育反感的人，不可能有效地、快乐地进行体育锻炼。

有研究认为，体育态度是在体育锻炼过程中对体育锻炼行为进行肯定或否定评价的基础上产生的，是由与这一行为相联系的有价值的结果或贡献决定的。如坚持体育锻炼的人比不坚持体育锻炼的人更相信体育能促进健康，对体育的评价和认可度也会更高。

2.影响体育态度形成的因素

体育态度的特点决定了其形成是一个连续的、渐进的过程。它受社会体育风气、学校体育氛围、家庭环境等诸多因素的影响。

（1）体育知识背景

体育态度的形成受到个体体育知识的影响，具备良好体育知识背景的人容易树立正确的体育价值观，具有正确价值观的人更容易形成良好的体育态度。

（2）体育参与的需要

体育态度是在满足体育参与需要的基础上产生的。当主体出现某种需要时，就会对与之有关的事物产生态度。对能满足需要或能帮助自己实现目标的对象产生肯定态度，反之亦然。体育态度中的情感成分，大多与体育活动需要的满足有关。

（3）群体期望与规范

个人的体育态度与自己所属的群体有很大关系，如同一个班、同一个学校或同一个运动队的成员接受相同的知识，成员间相互认同，要遵守同一群体的行为规范，无形中也会受到群体的压力等。体育态度的形成主要取决于三个因素的协调发展，即个体对体育的价值、功能、作用有正确的认知；开展适合学生生理、心理特点的体育活动，从而使他们产生愉快的情绪体验；激发个体的体育锻炼或体育学习动机并养成体育活动的习惯。

3.不良体育态度的表现与转变过程

（1）不良体育态度的表现

在学校体育中，不良的体育态度包括对体育课地位的偏见，对体育课功能、形式、内容的偏见，对体育课情感倾向的偏见，以及对体育教师的偏见，认为体育课可有可无；对体育锻炼在促进人际交往、兴趣培养、个性发展方面的作用认识不够。这种不良态度相对来说比较普遍。

（2）不良体育态度的转变过程

根据凯尔曼的态度改变三阶段理论，不良体育态度的转变应包括以下三个阶段：

①服从阶段，指的是个体从表面上接受社会、学校的规定或教师的要求，外显行为表现与别人一致，以避免惩罚或得到奖励。它是完全被诱因控制的行为，一旦外因消失，服从会立刻停止。

②认同阶段，指的是个体自愿地接受他人的观点、信息或群体规范，使自己的态度与他人要求相一致。例如，看到为国争光的运动员的感人事迹而下决心坚持体育锻炼，或受到体育教师的感染而克服怕苦怕累的困难等。可见，认同是自己主动接受他人观点或受其吸引，而不限于外部诱因。认同属于态度的情感成分，认同能否顺利完成，有赖于认同对象对个人的吸引力。

③内化阶段，指的是个体真正从内心深处相信并接受他人的观点，并将新观点、新思想纳入自己的价值体系的阶段。内化是个人的理智行为，是使个人经情感作用所认同的态度与自己原来的态度、价值观协调一致的过程。

（三）体育兴趣

体育兴趣是指人们力求认识和从事体育活动的心理倾向。它是与参与体育活动的需要相联系的一种心理，是体育参与的基本动力之一，影响着人们体育锻炼的具体方向。

1.体育兴趣的作用

（1）指向作用

体育兴趣是人在体育活动方面的个性倾向性的体现，每个人在体育兴趣方面都可能存在差异。同时，体育兴趣又是人们心理和行为上对体育活动的趋近倾向。它使人可以从多种活动中做出选择，选择他所喜欢的体育活动内容或形式。但是，不同年龄段的学生的体育兴趣可能发生变化，兴趣的指向性越来越明确并趋于稳定，甚至逐渐形成对某个项目的兴趣。值得注意的是，这种指向性会因活动结果的积极强化而不断得到加强，从而表现出个体对参加体育活动的动力性和体育参与的延续性。

（2）强化作用

兴趣是最好的老师。对某项体育活动感兴趣，可以促使人们对此倾注更多的时间和精力，产生持久的注意力，并能保持清晰的感知、周密的思维、牢固的记忆、丰富的想象。体育活动要求人们付出较多的体力，比较容易使人产生生理上的疲劳或心理上的厌倦。但是，如果个体对活动本身感兴趣，就会精神饱满、积极热情地投入，刻苦学习，努力进取。实验表明，中学女生多数不喜欢长跑，但改成音乐伴奏下的跑跳步练习，在生理负荷同等情况下，学生可以保持情绪振奋而不会感到疲劳，从而使得课堂气氛活跃、教学效果提高。

2.体育兴趣的培养方式

（1）持之以恒

在体育锻炼过程中，练习者的心率最好控制在最大心率的60%～80%，每次活动时间为20～30 min，每周不少于3次，这样才有利于身心健康。

（2）体验成功

在进行体育活动的过程中，每次成功和胜利都会使练习者深受鼓舞，产生积极的情绪体验，使其更关心体育活动，对获得更大的成功和胜利产生信心与希望。所以，产生体育兴趣的前提条件是练习者有获得成功、品尝胜利成果的可能。

（3）寓教于乐

人都有趋乐避苦的倾向，教师在教学中优美的示范动作、生动的语言及和蔼的态度会使学生感到亲切、可敬，会驱除学生练习时的惧怕心理，教师的“乐教”就会转化为学生的“乐学”。

（4）激发兴趣

学生体育兴趣的培养离不开教师的诱导，教师在教学训练中用各种方法持续“引趣”是学生形成体育兴趣的重要条件。例如，教师新颖教法的“引趣”、生动形象语言的“引趣”、准确优美示范动作的“引趣”，以及体育信息的“引趣”等，都能激发学生对体育的兴趣。

（四）体育习惯

体育习惯是特定的情境刺激（场地、时间、器械、指导者等）与个体体育参与活动之间经练习与重复而形成的稳固联系。这种联系一旦得到巩固，在情境线索出现时就会自发地表现，所谓“习惯成自然”就是这个道理。因此，体育习惯是把信念变成习惯，把思想化为行动的过程，是体育锻炼的需要与行为的直接联系，是不需外在监督和个人意志努力即可实现的活动倾向，它是个体参加体育活动的动力因素之一。由于体育习惯的养成表明一个人有了体育活动的需要，所以它是一个人由不经常的行为转化为习惯性行为的关键因素。“习与性成”表明了习惯与品质形成之间的关系，“美德大都存在于习惯之中”，而良好的体育习惯就是一种美德。

1.体育习惯的主要特点

（1）指向性

体育习惯与一个人对体育活动的需要有关。因此，它必定有明确的指向性。首先，它指向于内心过程，即将体育锻炼习惯所包含的体育需要转化为参与活动的动机，并导向动机行为，如有早晨锻炼习惯的人一觉醒来便会提醒自己，“快起床，该到外面活动了”。其次，它指向于满足体育锻炼习惯要求的外部条件，如服装、器械、场地、活动内容等。

指向性能保证体育锻炼习惯转化为外部特定的行为过程，并使行为过程始终围绕着体育锻炼习惯所指向的内容展开。

（2）后天性

体育习惯是通过后天习得而成的。在一贯的教育要求下，个体行为具有方向性和坚持性。体育参与活动的经常化和运动技能达到熟练化有助于体育锻炼习惯的养成。显然，体育锻炼习惯的养成要靠家庭和学校教育的力量。著名教育家叶圣陶曾指出：“什么是教育？简单一句话，就是要养成良好的习惯。”

（3）省力性

体育锻炼习惯一经形成，就可以成为体育锻炼行为的内部动力。此时，主体的行为是靠内心驱使，而不是靠外力约束或强制。通过体育参与的内在需要而顺畅地导致趋向行为，一般不需内心斗争或意志努力。同时，以满足习惯要求为目的的动作技能也在不断练习中达到熟练程度，它的自动化程序对习惯展现为行为也起着省时省力的作用，并使体育锻炼的效果大大提高，因此体育锻炼习惯一旦养成，导向习惯所指向的行为是既省力，又能获得满意感的。

与此相反的是，一旦形成不良的习惯（如睡懒觉的习惯）后再去晨练，不但在感情上要体验到不快甚至痛苦，而且也是较为费力和困难的。由此说明，从小养成良好的体育锻炼习惯是非常重要的。

（4）稳固性

从体育习惯养成的过程，可以看到它源于在某种时间、情境下的练习和重复，痕迹的加强使行为倾向更加明显。由于体育锻炼习惯是与体育活动需要相联系的行为倾向，是一种个性化的心理特征，所以它必定具有稳固性的特征。大量生活中的事例证明，凡有体育锻炼习惯的人，当条件具备时会积极锻炼，当条件不具备（如天气变化、生活环境变迁）时仍然要创造条件、克服困难去锻炼，并由此产生需要的满足感。他已经把习惯所指向的内容从必须遵守变为习惯于遵守。

2.体育习惯的培养方式

（1）从小培养

从小培养习惯常会事半功倍。从体育习惯的培养来看，由于身体活动是儿童的天性，所以引导他们参加体育活动正符合他们的需要。需要身体活动最多的是 9～11 岁的儿童。他们有将近一半的觉醒时间需要进行身体活动。因此，培养良好的体育习惯，应充分抓住儿童身体活动的欲望，顺势加以引导。

（2）不断强化

养成体育习惯要经过漫长的过程。不少学生经常下决心进行体育锻炼，却坚持不下来，其中的重要原因是缺乏外部和内部的强化。对那些经常性的体育锻炼行为要给予积极的强化，对那些体育锻炼的中断行为要给予提醒和引导。外部强化的手段可以包括教师的评价、家长的褒贬、集体舆论、奖励或惩罚等。对于个体最好的强化莫过于体育锻炼给自己身体上和精神上带来的好处。因此，要指导学生学会并经常运用内在强化。要想养成良好的体育锻炼习惯，与其说靠外力，不如说靠学生自己。要引导学生不断为自己的参与行为寻求“能源”，要不断汲取知识，理解体育锻炼的意义和价值。

（3）技能指导

体育技能是表现体育习惯的方式。在儿童较小时，让他学会走、跑、跳、攀登、投掷、打球、游泳等技能，把掌握技能的过程与习惯养成的过程统一起来是可行的。事实证明，体育技能掌握较好的学生，体育兴趣浓烈，显示出更大的活动欲望，体育习惯易于形成。因此，通过技能指导的方式培养体育习惯，远比培养了体育习惯再提高体育技能更现实。

（4）坚持实践

练习是形成习惯的必要条件。任何行为习惯的养成都必须付诸行动。为此，要创设让学生重复良好体育行为的教育情境，为学生提供可以模仿的榜样。

（5）外部条件

从社会因素来看，全社会宣传体育锻炼的意义和价值，鼓励个体参与体育活动，积极落实《全民健身计划纲要》，组织多种形式的体育锻炼活动，营造以锻炼为光荣的社会体育锻炼的环境与风气，对个体体育习惯的形成将起到巨大的作用。

从学校条件来看，为贯彻党的教育方针，开展“全国亿万青少年学生阳光体育运动”，体育教师应根据学生身心发育的特点，在教学水平、时间、场地、器材上予以保证，创造条件让学生上好体育课，保障课外体育活动。这对学生体育习惯的养成会有直接的帮助，甚至为青少年一生的体育锻炼与习惯养成打下坚实的基础。

第三节 大学生体育锻炼的社会学基础

在现代社会中，人不能离开他人而孤立存在。体育活动是人与人之间相互作用的一种十分重要的形式，但在现实生活中，当一些人出现孤独、人际关系不良等障碍时，很少会考虑通过体育手段加以消除。事实上，体育活动既是身心活动，又是社会活动，经常参加体育锻炼，可以使人际交往更加频繁，身心更加健康，社会适应能力更强。

一、大学生体育锻炼与现代社会需要

人的社会属性决定了随着物质和生存条件的改变，语言、情感、意识、理性等各种行为一旦产生，人的功利性因素就会逐渐向社会需要方面转移，渴望对文化、精神生活的追求，希望创造理想美好的生活方式，总想在学习工作之余，通过健身、消遣娱乐等丰富的身体活动形式来愉悦身心、增进健康，并从中得到精神享受。这说明，体育不仅仅是满足简单的生存、生理需要，体育也必须为社会发展的需要服务，为不断提高人的生物潜能、精神文化水平和促进身心全面发展服务。

现代人除了身体锻炼以外，还需要对体育锻炼产生兴趣与情感。现代都市生活使人与大自然渐渐疏远，参加户外体育锻炼，可以调节生活，使人享受返回大自然的乐趣。

体育锻炼还能密切人际关系。由于工作紧张，有的时候一家人也难以团聚，体育锻炼往往是一种集体进行的定期聚会，有利于与亲朋好友或全家人共享乐趣。参加娱乐性体育比赛，可以战胜自我，得到精神上的满足感。参加一些体育项目是在向自然挑战中创造人生价值，会从中得到乐趣。观赏体育表演是一种美的欣赏和艺术享受。

现代社会为人类体育锻炼活动提供了优越的条件和各种锻炼方式，可以使大家在和谐氛围中获得精神快感，情绪得到调节，情感得到净化，从而充分享受生活的乐趣。

二、大学生体育锻炼与社会健康

社会健康也称社会适应，指个体逐渐接受现有社会道德规范与行为准则，能够在规范允许的范围内对环境中的社会刺激做出反应的过程。社会健康水平高的人在交往中有自信心和安全感，与人友好相处，心情舒畅，少生烦恼。他知道如何结交朋友，维持友谊，知道如何帮助别人和求助别人，能聆听他人意见，表达自己的思想，能以负责的态度行事，并在社会中找到自己合适的位置。社会健康水平低的人在与他人交往时，总是牢骚满腹，不能耐心听取他人的劝告或建议，拒绝从他人的立场考虑问题，也有些人对人际关系表现出恐惧情绪，害怕与他人接触，使自己形成孤僻的性格，不易被社会接受。

（一）社会健康的主要评价标准

社会健康有一定的评价标准，综合国内外的一些研究成果，可以从以下几个方面对个人的社会健康状况作出评价：

一是接受与他人的差异。

二是能与同性或异性交朋友。

三是主动与人交往，有稳定而广泛的人际关系。

四是与家庭成员和睦相处。

五是当自己的意见与多数人意见不同时，能保留意见，继续工作。

六是有一两个亲密的朋友。

七是与他人共同学习工作时，能容纳他人，能接受他人的思想和建议。

八是在交往中，客观评价别人，能自我批评，取人之长，补己之短。

（二）体育锻炼对社会健康的促进

体育锻炼对于提高人的社会健康水平具有重要的促进作用，这是由体育锻炼的社会特性所决定的。人在进行体育锻炼时，既需要交往与合作，又存在相互竞争的现象。这种在体育锻炼过程中形成的交往、合作和竞争的意识与行为，会迁移到日常的生活、学习及工作中。

1.有利于培养社会合作精神

合作能力既是体育活动者的必备素质，又是通过体育活动发展的一种能力。小到百米比赛，需要参与者与教练员的合作；大到一场足球比赛，需要场上 11 人的合作。从事体育活动，特别是集体性的体育活动，需要与他人通力合作，这不但能使集体的目标得以实现，而且也会使个人的作用得到充分发挥。

合作是建立在团体成员对团体目标的认识相同的基础上的。在合作的社会情境中，个人所得有助于团体所得。合作的优越性体现在个人与他人一起工作时所获得的社会效益，如增加交流、相互信任等。在一些相互依赖性较强的体育运动（如足球运动、篮球运动）中，合作会使运动变得更有效，因为团体要想获得成功，团体成员就必须相互协作、共同努力。

经常参与体育锻炼，特别是参加集体性的体育锻炼，有助于人们加强合作意识，培养团队精神。

2.有利于形成社会竞争意识

竞争是体育运动的主要特征之一。更快、更高、更强是奥林匹克的宗旨之一，它体现的就是竞争，竞争能给人带来美的享受。在体育运动过程中，时时刻刻都充斥着竞争，既有对自己运动能力的挑战，又有与他人的争胜；既有人与人之间的竞争，又有团体与团体之间的竞争。现代社会竞争日益激烈，努力培养竞争意识和竞争能力，有助于大学生走出校门、走向社会后能更好地适应社会，而体育运动就是培养竞争意识最有效的手段之一。

需要注意的是，在运动中与他人竞争时，要有良好的体育道德，要遵守一定的规则，争取胜利主要靠自己的能力，而不是不择手段地通过伤害他人或不公平的竞争来达到目的。

3.有利于建立和维护社会人际关系

人际交往是指在社会活动中人与人之间进行信息交流和情感沟通的过程。体育锻炼能增加人与人接触和交往的机会，通过参与体育活动，人可以忘却烦恼和痛苦，消除孤独感，并逐渐形成与人交往的意识和习惯。研究表明，外向性格者比内向性格者的社会交往需要更强烈，这种社会需要可以通过集体性的体育活动得到满足。性格内向者更应该参与集体性的体育活动，使性格逐步得到改变。

研究表明，个体坚持体育锻炼的一个重要原因是与他人交往或参与群体活动。个体通过参与群体活动，可以增强群体认同感和社会化程度，增多参与活动的机会。全程参与体育活动者要比中途退出者更能与他人形成亲密的关系。

青少年参与运动的程度与家庭成员、好朋友参与运动的程度紧密相关。好朋友比家庭成员更能影响青少年参与运动的程度；同性别家庭成员比异性成员更能影响青少年参与运动的程度；青少年的家庭成员、好朋友喜欢体育锻炼的，其更易形成良好的人际关系。

由此可见，体育锻炼能促进人的社会交往活动。同时，体育活动的社会交往特性又会吸引人们参与和坚持体育锻炼。

第三章 行为学理论的发展与大学生体育锻炼行为分析

体育锻炼有利于促进个体或群体行为的改变，大学生参加体育锻炼主要是受生理、心理、行为、环境等因素的影响。为了有效激发并维持行为改变，通常需要对体育锻炼行为进行多重干预，并对特定类型的行为改变策略加以选择和利用。

现阶段，虽然已经建构而成的锻炼行为理论模型能够从不同角度对个体锻炼行为做出有效解释和预测，从而提高大学生的锻炼水平，但随着社会的不断发展和环境的变化，原有理论的不足与缺陷日益显现，而与环境变化相适应的新概念、新策略、新理论逐渐形成，使原有理论的缺陷与不足得到了弥补。

行为学理论的产生是一个动态发展的过程，在这个过程中，锻炼行为理论体系不断趋于完善。本章重点从行为理论模型的研究视角出发，对大学生体育锻炼行为促进的过程进行分析，旨在加强对大学生体育锻炼的指导，提高大学生体育锻炼的效果，促进大学生身体健康。

第一节 不同行为学理论模型优势分析

行为学理论模型主要有三种类型，分别是基于个体层面的理论模型、基于群体层面的理论模型及基于组织的理论模型，其中，基于组织的理论模型主要指的是生态学理论模型，这在本章的最后一节有专门的研究，因此本节重点就前两种类型的行为学理论模型及其优势进行分析。

一、基于个体层面的行为学理论模型及其优势

锻炼行为理论及实践研究中有一个非常重要且不容忽视的单元，即个体。为了有效干预和准确判断干预成功与否，研究者必须对个体在锻炼行为中的角色和作用加以了解。基于个体层面的行为理论模型集中对个体的相关变量进行了阐释，这些变量对个体的锻炼行为及锻炼干预的效果有重要的影响。

（一）自我决定理论

1.理论概述

自我决定理论是一种认知动机理论，最早是在20世纪80年代提出的，提出者是美国心理学家爱德华・L・德西和理查德・M・瑞安，该理论主要研究人类行为自我决定的程度或自愿程度，强调自我决定对行为动机的调节作用，同时注重外界环境因素对个体自我决定的影响。

从人本主义视角出发，自我决定理论认为人类有一种积极的心理成长、发展和自我决定的潜能，当社会环境因素具备对人类这些潜能进行开发的能力时，行为的自我决定程度就会提高，人们往往由自身的内部动机激发并维持个体行为，而且外部动机向内部动机的转化也有利于个体行为的维持与激发；而当社会环境因素对这些潜能的发展造成阻碍时，行为的自我决定程度就会降低，人们行为的激发和维持主要受外部动机的影响，而且难以维持较长时间，如果外部动机缺乏，就难以激发人们的行为。

2.理论优势

自我决定理论能够有效描述、解释、说明、预测个体锻炼行为，并为身体

锻炼动机的激发、锻炼行为的干预提供了可参考的操作途径。

需要注意的是，因为人类的锻炼行为十分复杂，所以自我决定理论的观点要完全符合实际的锻炼行为，从现有的研究成果来看，还需要从以下几方面来努力完善该理论：

首先，继续对锻炼中的自主支持情境促进动机内化的机制，心理需要、动机内化、幸福感之间关系的内在机制进行科学验证。

其次，对身体锻炼行为干预措施的可行性及有效性进行深入探索。除此之外，对由无动机转化为外部动机的锻炼行为进行验证，对外部动机转化为内部动机的影响因素、时间进程进行探索。

最后，对自我决定理论在我国文化背景下的适用性进行探索，结合实例研究自我决定动机与相关变量之间的关系，对自我决定理论指导下的锻炼动机激发与锻炼行为干预的实践应用价值做进一步的验证。

（二）合理行为理论

1.理论概述

合理行为理论是锻炼心理学领域中应用较为广泛和成功的一种行为理论，最早是在 20 世纪 70 年代提出的，提出者为美国学者费斯宾和阿杰恩。该理论强调在个体健康行为、道德行为和其他行为产生、改变过程中认知因素的重要作用。该理论提出，人类通常是理性的，在做出实际行动之前，会对行为所产生的后果和影响做一番考虑。

合理行为理论的基本假设是：人类的大多数行为都受个体自身意向所控制（突发事件除外），人们一般都可以按照自己的意向执行某种行为，所以认为意向也是个体实际行为的最好预测变量。个体对特定行为的态度和主观规范会影响个体的行为意向。

在合理行为理论的基础上，阿杰恩提出了计划行为理论，该理论认为，当某行为处于个体控制范围内时，合理行为理论的预测作用就会显示出来，但是当行为意向之外的因素开始影响个体行为时，就会影响合理行为理论的预测作用的发挥。因此，个体行为意向除了受主观规范、行为态度这两个变量的影响外，行为控制感也会造成一定程度的影响，即人们对自身能够执行某种行为的能力的感知，这是计划行为理论的基本观点。

总的来说，为了对个体无法控制的行为进行准确预测，不仅要评价个体的行为意向，而且要估测个体的行为控制感。

2.理论优势

在锻炼心理学的研究中，合理行为理论的应用非常广泛，该理论是当前理解和预测锻炼行为最成功的理论模型之一，在对科学、有效的锻炼行为干预策略制定的过程中，该理论提供了重要的理论支撑与参考。合理行为理论集中于能够决定动机的认知因素。这一理论已经用于对行为，特别是在意志力控制下的行为进行解释。在行为理论的应用中，很有必要对能够增强解释力的其他理论驱动的结构进行考虑和再评估。

在合理行为理论基础上形成的计划行为理论中，增加了对影响意图、行为的便利性及限制条件的关注，从而使得合理行为理论得到了一定程度的延伸。这对干预意志力薄弱人群的锻炼行为非常重要。根据合理行为理论的观点，可对行之有效的锻炼行为干预策略进行有针对性的制定。

需要注意的是，现阶段，我国运用合理行为理论或计划行为理论对锻炼行为干预进行研究的学者很少，很多研究都集中在对锻炼行为和该理论的解释上，这就使得合理行为理论和计划行为理论的应用价值难以真正发挥出来。

（三）跨理论模型

1.理论概述

普罗查斯卡等人在观察和研究人类戒烟行为的基础上提出了跨理论模型，之后在健康教育、护理学、锻炼行为研究等诸多领域中，这一理论得到了广泛的运用。该模型综合了集体层面的行为理论模型，如自我效能理论等，因而普罗查斯卡等人以“跨理论模型”来命名该理论模型。

跨理论模型的基本观点是，在通常情况下，人类的行为不可能瞬间发生变化，而要经历五个阶段的变化过程，而且人们的均衡决策、自我效能水平会影响其行为转变的过程。跨理论模型的结构要素分四个部分，分别是变化阶段、变化过程、自我效能和决策水平。

2.理论优势

跨理论模型认为，人类锻炼行为的转变是一个动态的过程，要用动态的眼光来看人的锻炼行为，重视根据人们当前所处的锻炼行为阶段有针对性地设计符合不同阶段锻炼者实际情况的干预策略，制定有针对性的锻炼行为干预措施，有效地培养不同人群锻炼行为的持久性。应用跨理论模型能对锻炼行为方向性的转变进行有效预测，大多数学者都普遍认可这一点。

需要注意的是，目前学术界关于跨理论模型对锻炼行为的预测效果还存在一些争议，而且跨理论模型提出划分锻炼行为阶段时应将 6 个月作为标准，这一划分过于绝对化，无法对个体行为的螺旋式发展做出客观的解释。

二、基于群体层面的行为学理论模型及其优势

（一）自我效能理论

1.理论概述

自我效能理论是基于社会认知观点而被提出的，于 1982 年由班杜拉提出。自我效能理论是解释特殊情境中动机产生的原因的专门理论。班杜拉认为，自我效能涉及的并非能力本身，而是个体自身能否利用所拥有的知识和技能去完成某种行为的自信程度。班杜拉提出自我效能理论以后，各领域的研究者对此十分感兴趣，研究应用热潮在短时间内兴起。锻炼心理学领域的研究结果大都表明，自我效能理论在解释、说明、预测和干预锻炼行为方面具有非常重大的价值。

个体行为、环境因素和个人因素是社会认知理论中的三因素，三者的关系是相互交叉、相互影响、相互决定。所以，自我效能理论也被称为“交叉决定

论”。在不同因素相互作用的过程中，自我效能所起的作用十分关键，正因于此，自我效能理论被提出。

班杜拉认为，自我效能是指个体对自己执行某特定行为以达到情境要求的自身能力的信念或主观评价，自我效能理论区分了自我效能和结果期望（个体所期待的特定行为将会产生的特定结果），认为可以通过自我效能和结果期望对锻炼行为做出解释。研究者一般认为结果期望包括三个方面，分别是生理的、社会的和自我评价。自我效能理论认为，情绪唤醒、个体自身行为的成败经验、言语劝说、替代性经验是影响和改变个体自我效能的四个主要因素。

2.理论优势

现阶段，自我效能理论是行为科学和锻炼心理学领域中研究最为深入和得到最多验证的理论之一。在解释、说明、预测及干预锻炼行为方面，自我效能理论发挥着重要作用，这主要可以从以下两方面体现出来：

第一，从宏观上来看，无论是作为锻炼行为调节动力的心理前因，还是锻炼行为所产生的心理效益，自我效能都与锻炼行为有着十分密切的联系。

第二，从微观上来看，提高自我效能有助于激发锻炼行为，使锻炼行为得到维持，而短时或长期的锻炼行为则又会使自我效能进一步提高。

正因为以上两方面的影响与价值，自我效能理论的研究前景十分引人关注。但是，当前有很多研究以影响自我效能的因素为目标，而忽视了影响自我效能的其他因素，如行为、认知和情绪，虽然自我效能对具有挑战性或新颖性的锻炼行为有较好的预测价值，但当锻炼行为变成习惯行为后，自我效能对锻炼行为的作用就会不断弱化。这是自我效能理论不可忽视的缺陷。

（二）社会支持

个体从其所拥有的社会关系中所获得的物质与精神上的支持，就是所谓的社会支持。社会支持理论认为，对准备开始锻炼或已经在进行锻炼的人群给予支持，是较为有效的干预。一个人所拥有的社会支持网络越强大，应对来自环境的各种挑战的能力就越强。个人所拥有的资源可分为两种类型，分别是个人资源和社会资源。准备开始或刚开始锻炼的人一般都是比较担心、忧虑的，如锻炼同伴是否会嘲笑自己的体形、锻炼指导者传授的动作技能自己能否学会等，此时，家人、锻炼同伴及锻炼指导者需要支持与鼓励他们。锻炼者在得到较多的社会支持之后，通常能够坚持锻炼。

探究社会支持对体育锻炼行为的影响，需要从社会支持理论的角度出发。从已有的研究中可以发现，当前关于社会支持的测量主要有测量个体社会网络结构的大小、测量个体所获支持的数量和种类两种范式。从信息、行为及政策的角度来对锻炼行为进行干预，是对体育锻炼行为的三类主要干预方式。体育锻炼行为的激发、维持与社会支持有密切的关系，锻炼心理学研究的一个主要内容就是这两者之间的关系。

锻炼心理学研究表明，当个体获得社会支持，锻炼动机便能够激发出来，会主动参与锻炼，能持久地坚持下去。个体在体育锻炼过程中获得的社会支持，主要来自家人、锻炼指导者和锻炼同伴。

第二节 大学生体育锻炼行为分析

一、体育锻炼行为习惯概述

（一）体育锻炼行为习惯阐释

1.习惯

所谓的习惯，就是在特定情境中自觉进行特定活动的一种需要或形成的一种定势。

2.体育锻炼行为习惯

体育锻炼行为习惯是在多次反复的体育锻炼活动中逐渐形成的，是能够使主体需求得到满足的一种频繁、固定的身体活动方式。此外，体育锻炼行为习惯也是一种生活方式，能够促进身体发展和情感愉悦。

3.体育锻炼行为习惯的养成

个体能够不断地进行体育练习，并在这一过程中形成的能够促进身心和谐发展的、比较稳定的一种行为模式，就是体育锻炼行为习惯的养成。要养成良好的体育锻炼行为习惯，需要从以下几方面着手：

（1）树立正确的体育锻炼观念。

（2）对体育锻炼的规律进行深入了解。

（3）对体育锻炼的意义与特点有一个清楚的认识。

（4）能够理解体育锻炼的方法、原理。

（5）采用科学、有效的方法坚持不懈地练习等。

（二）是否养成体育锻炼行为习惯的判断标准

要判断大学生是否养成了体育锻炼行为习惯，必须参考一套较为系统的指标体系。有关学者认为，可通过锻炼态度量表中关于行为习惯的条目，来判断大学生是否养成了体育锻炼行为习惯。具体可通过调查问卷来设定条目，进而作出判断，见表 3-1。

表 3-1　锻炼态度量表

	完全不符合	不符合	说不清	符合	完全符合
我有锻炼的习惯					
锻炼在我生活中必不可少					
锻炼中做任何动作我都很轻松					
我不习惯没有锻炼的生活					

续表

	完全不符合	不符合	说不清	符合	完全符合
锻炼是我的一个爱好					
我喜欢参与锻炼活动					
闲暇时间我尽可能多参加锻炼					
一说要锻炼我就感到很兴奋					
我觉得进行锻炼很容易					
我总是自觉地进行锻炼					

在上表中，每个条目后的选项都是单选的，每个选项有不同的分值，“完全不符合”“不符合”“说不清”“符合”“完全符合”相对应的分值分别是1分、2分、3分、4分、5分。最后将这些条目的得分加起来，最终所得的分数越高，表明大学生参加体育锻炼的自动化程度就越高。一般认为，如果被测者的最后总得分≥40分，那么就判断其已经养成了体育锻炼行为习惯。

二、大学生体育锻炼行为的现状调查与分析

（一）大学生对体育锻炼的态度

调查发现，认为体育锻炼在生活和学习中重要或比较重要的大学生占被调查学生总数的73.3%，这一比例比每周至少参与一次体育锻炼的大学生所占的比例（80%）稍微低一些，这说明大学生对体育锻炼的态度和具体参与行为是比较一致的。在被调查的大学生中，很了解或比较了解锻炼价值和相关运动知识的大学生占73.8%，其中11.8%的大学生表示很了解。进一步调查发现，70.3%的大学生表示喜欢或比较喜欢体育锻炼，69.7%的大学生想有规律地坚持体育锻炼。可见，大部分学生对体育锻炼的重要性都能够认识到，而且锻炼态度比较积极，有望养成良好的锻炼习惯。但是，大学生还不是很了解体育运动的相

关知识，还需要进一步学习。

（二）大学生参与体育锻炼的动机

通过调查大学生参与体育锻炼的目的后发现（见表 3-2），增强体质、增进健康是大学生参加体育锻炼的主要目的，选择人数占到被调查学生总数的 80.5%；娱乐、休闲、丰富生活和缓解压力、促进心理健康这两个动机目的分别排在第二位和第三位，选择人数分别占 59.4%、49.3%；分别有 32%和 22.3%的大学生选择了优化个人身体形象和促进人际交往这两项目的。

从调查结果来看，增强体质、增进健康是大学生参加体育锻炼的主要目的，这也体现了体育运动的主要价值和功能。值得一提的是，大学生已经在慢慢认可体育锻炼在缓解压力和促进心理健康方面的作用，同时大学生也认识到了体育锻炼能够优化自我形象和社会适应能力，体育锻炼功能的多元性正在逐渐被大学生所了解和认可。

从以上结果来看，大学生参加体育锻炼的动机相对明确，即为了增强体质、促进身心健康、丰富课余生活而参与体育锻炼。

从另一方面来看，大学生基本上能够比较客观、全面地认识体育锻炼的价值和功能。为了进一步巩固大学生这种积极的锻炼态度和动机，高校体育主管的部门可通过体育教学课或其他方式、方法，努力提高大学生对运动锻炼相关知识的了解和掌握，引导他们进行客观的自我评价、自我指导，促进其良好体育锻炼习惯的养成，为大学生终身体育锻炼行为习惯的养成打下坚实的基础。

表 3-2 大学生参加体育锻炼的目的

体育锻炼目的	比例/%	排序
增强体质、增进健康	80.5	1
娱乐、休闲、丰富生活	59.4	2
缓解压力、促进心理健康	49.3	3

续表

体育锻炼目的	比例/%	排序
提高个人身体形象	32	4
促进人际交往	22.3	5
消磨时间	11.1	6
实现个人价值	11	7

（三）大学生参加体育锻炼的频率和时间

调查发现，每周至少参加1次体育锻炼的大学生占被调查学生总数的80%，其中，28.2%的大学生每周参与体育锻炼3次以上，24.7%的大学生每周参与体育锻炼2次，27.1%的大学生每周参与体育锻炼1次；20%的大学生每周1次都没有参加体育锻炼（见表3-3）。

在持续锻炼的时间上，57.5%的被调查大学生每次锻炼30 min以上，锻炼时间在20 min以下的大学生约占20%，这表明我国大学生参与体育锻炼的实际情况并不容乐观，不利于良好体育锻炼行为习惯的养成和锻炼效果的提高。

在大学生中，男生与女生参与体育锻炼的情况有一定的不同。没有参加锻炼的女生人数（28.2%）明显高于男生（11.5%）（见表3-4）。这说明男大学生参加锻炼的情况明显好于女生，女大学生的体育锻炼现状不容乐观。

根据大学生的身体生理条件及体育锻炼对人体机能的影响，建议高校积极倡导和鼓励全体大学生每周至少进行2次课外体育锻炼，就当前高校的硬件设施和大学生的身心健康发展来说，这一目标更具有实际操作意义。同时，大学生课余体育锻炼有待进一步普及，高校是尤其应高度重视女大学生的课余体育锻炼，培养女生的锻炼意识与积极性。

表 3-3 大学生参加体育锻炼的频率

频率/次	数量/人	比例/%
0	161	20
1	218	27.1
2	199	24.7
>3	227	28.2
合计	805	100

表 3-4 大学生参加体育锻炼频率的性别分布

频率/次	男生		女生	
	数量/人	比例/%	数量/人	比例/%
0	43	11.5	120	28.2
1	98	25.8	119	27.9
2	109	28.7	91	21.1
>3	128	34	97	22.8
合计	378	100	427	100

（四）大学生经常参加的体育项目

在参与体育锻炼项目方面，性别差异比较明显，对大学男生和女生经常参与的体育锻炼项目的调查结果如下：

调查发现，大学男生喜欢参与运动量较大、对抗性较强的球类运动，经常打篮球的男生超过一半，经常踢足球的男生有 39.7%。排在前十位的运动项目按照选择比例从高到低进行排序，依次是篮球、足球、乒乓球、羽毛球、跑步、排球、器械健美、太极拳、游泳及武术（见表 3-5）。

女生喜欢参与轻巧灵活、对抗性较弱的体育项目，羽毛球最受女生欢迎，选择人数超过一半。排在前十位的运动项目按照选择比例从高到低进行排序，依次是羽毛球、跑步、跳绳、乒乓球、篮球、游泳、形体健美操、排球、太极拳及网球（见表 3-6）。

北京高校可以根据大学生的运动喜好改进体育课程设置，并积极开展各种相关的课外体育活动，来满足他们的需求，进一步促使大学生积极投入到体育锻炼中来。此外，还有一个值得注意的现象，体育课中的计时跑一贯受到学生们的排斥，而在课外锻炼中有将近三分之一的人经常跑步锻炼。可见，慢速、轻松的健身跑在课外锻炼中还是比较受欢迎的，应该在大学生中大力宣传和推广健身跑。一方面原因是健身跑的锻炼效果非常明显，另一方面是健身跑还可以大大弥补高校因体育场地、器材设施不足等缺陷给大学生参加体育锻炼带来的不良影响。

表 3-5　大学男生经常参加的体育项目

项目	比例/%	排序
篮球	54.2	1
足球	39.7	2
乒乓球	35.3	3
羽毛球	31.2	4
跑步	28.5	5
排球	12.6	6
器械健美	12.6	7
太极拳	12.6	8
游泳	12.1	9
武术	6.6	10

表 3-6 大学女生经常参加的体育项目

项目	比例/%	排序
羽毛球	53.3	1
跑步	32	2
跳绳	30.3	3
乒乓球	24	4
篮球	22	5
游泳	20.3	6
形体健美操	19.9	7
排球	13.8	8
太极拳	9.2	9
网球	7	10

（五）大学生体育锻炼的组织形式

大学生参与体育锻炼的组织形式有独自参与、和家人共同参与、和朋友共同参与、和同学共同参与及参与俱乐部团体活动等几种，在被调查的大学生中，选择和同学或朋友一起进行体育锻炼的大学生占 81.2%，选择独自进行体育锻炼的大学生占 10.9%，选择参与俱乐部或团体活动的大学生占 5.0%，选择和家人一起进行体育锻炼的大学生占 2.8%。

从以上调查结果来看，和同学或朋友一起进行体育锻炼是大学生的主要锻炼形式，主要原因在于，集体参与体育活动不但可以充分体验运动的游戏性、趣味性和竞争性，而且能促进同伴间的相互交往，加深感情。参与体育俱乐部或体育团体活动的大学生较少，主要是因为高校体育俱乐部的建设和开展不够完善。

从调查结果来看，高校应继续加强有组织的体育俱乐部建设，或者采取一定的方法鼓励和帮助大学生成立自发的体育锻炼团体，以此来满足大学生在锻炼形式上的需求，从而促进其良好体育锻炼行为习惯的养成。

三、影响大学生体育锻炼行为的因素

任何事物的发展都有内因和外因两个方面，内因是根据，外因是条件，外因通过内因才能起作用。因此，影响大学生参加体育锻炼的因素可以从主观和客观两个方面进行分析。

（一）主观因素

影响大学生参加体育锻炼的主观原因主要有懒惰、没有持之以恒的决心、身体素质和运动能力较差、没有自己喜欢或擅长的运动项目等，选择人数分别占被调查学生总数的 44.5%、39.5%、11.6%和 11.3%（见表 3-7）。

对于以上调查结果，高校应积极探索各种方法和措施，来帮助大学生克服其惰性，激发其内在的锻炼动机，调动其参加锻炼的积极性，帮助他们不断加强坚持参加体育锻炼的决心，这是各高校需要重点研究和解决的问题。

（二）客观因素

影响大学生参加体育锻炼的客观原因主要是没有时间、学习任务重，选择人数分别占被调查学生总数的 69%、57.1%。另外，锻炼设施不足、没有合适的锻炼团体或同伴、缺少专人辅导等也是主要原因，分别占被调查学生总数的 26.4%、25.1%、21.1%（见表 3-7）。由此可见，高校在体育设施方面的配备相对比较充分，但仍难以使大学生的锻炼需求得到满足；从一定程度上来说，没有合适的团体或同伴、缺少专人辅导影响了大学生参与体育锻炼的积极性。

综合所有的因素来看，没有时间在影响因素中排在首位，该因素比较有弹性，可以灵活处理。而排在第二位的学习任务重是大学生必须面对的客观事实。

为此，高校需要正确引导大学生处理生活、学习与运动锻炼的关系，使学生能合理安排自己的时间。除此之外，大学生自身的主观问题需要学生和学校共同来解决。

针对大学生参与体育锻炼的现状，高校应进一步加强学校体育设施建设，在课余锻炼时间适当安排专门人员进行辅导。同时，还应继续改革高校体育选修课，促进大学生运动技能的提高，使大学生能够有一两项自己擅长的运动项目，这对学生以后继续参与并坚持进行体育锻炼具有积极的影响。

表 3-7　影响大学生参加体育锻炼的主要因素

影响因素	比例/%	排序
没有时间	69	1
学习任务重	57.1	2
懒惰	44.5	3
没有持之以恒的决心	39.5	4
锻炼设施不足	26.4	5
没有合适的锻炼团体或同伴	25.1	6
缺少专人辅导	21.1	7
身体素质、运动能力较差	11.6	8
没有自己喜欢或擅长的运动项目	11.3	9

第三节 不同行为学理论对大学生体育锻炼行为的干预分析

一、基于个体层面的行为学理论与大学生体育锻炼

（一）健康信念模型对大学生体育锻炼行为的干预

健康信念模型认为，在体育锻炼中，通常人们不会参与对健康有益的体育锻炼，除非他们有一定水平的锻炼动机、健康动机和健康知识，或认为自己容易被健康问题侵扰，或认为自身所处的环境威胁了自身的健康，相信体育锻炼可以克服上述问题。

有学者对 433 名大学生的体育锻炼情况进行调查后，发现在心血管健康有关的健康信念、知识和归因等方面，进行有氧锻炼的大学生与不进行体育锻炼的大学生存在很大差异。进行锻炼的大学生在心血管方面的知识更丰富，其锻炼动机和控制感更强，为维持自身的心血管健康，他们更愿意做出努力，而不进行体育锻炼的大学生在疾病面前表现得很脆弱。

还有一些学者研究了 124 名加拿大男消防队员在锻炼前后健康信念的变化。在研究过程中，分别测量了被试者在锻炼计划实施前和锻炼半年后的心脏病危险性指数、获益指数、疾病可能性指数等健康信念指数。研究结果显示，在以上三种健康信念指数中，坚持锻炼半年的被试者的得分比平均值低 50%～70%，坚持锻炼 3 个月的被试者的得分比平均值低 25%～30%。

综上可知，健康信念模型能够从健康信念上干预大学生的体育锻炼行为，运用这一理论指导大学生的体育锻炼，能够增强其锻炼信念，使其在疾病面前表现得更加坚强，更愿意在锻炼中付出努力来维持自身的健康。

（二）自我决定理论对大学生体育锻炼行为的干预

在早期，自我决定理论多运用于实验室研究、学校体育教学及运动竞技等领域中。随着大众体育的蓬勃兴起，诸多研究者开始研究自我决定理论在锻炼情境中的可行性。萨格森-努特马尼斯和努特马尼斯使用锻炼行为调节问卷，对自我决定理论中的各种动机类型进行了测量。研究指出，自我决定程度较高的个体比自我决定程度较低的个体的锻炼意向更强，身体自我价值及克服锻炼障碍的自我效能水平更高。

研究发现，认同调节和内部动机与大学生的体育锻炼时间、强度、频率及运动量是正相关的关系，而外在调节和无动机则与这些因素是负相关的关系。

有学者研究了体育锻炼行为的年龄和性别差异，研究结果表明，在大学生中，男生进行体育锻炼的自我决定程度、自我决定动机和能力知觉水平更高。自我定向、自我决定动机和能力知觉是男生参加体育锻炼的正相关预测指标，但任务定向和无动机与参加体育活动无相关关系；任务定向和能力知觉能够对女生参与体育锻炼作出积极预测，但自我定向和无动机与参加体育活动存在负相关关系。

有学者以自我决定理论为基础，对体育课上女生自主支持感、行为调节与课外锻炼意向之间的关系进行了调查研究，结果表明，自主支持感对内部动机和认同调节具有正向预测作用，而对外在调节和无动机具有负向预测作用。此外，内部动机和认同调节能对女生的课外锻炼意向作出正向预测，外在调节和无动机对女生课外锻炼意向的预测是负向的。

有学者研究了大学生体育学习中缺乏动机的原因，结果表明，大学生进行体育学习的内部动机和外在调节的差异是非常显著的，认同调节在国家级和市级学校间的差异也非常显著，但性别对认同调节的影响大于年级对认同调节的影响。除此之外，研究还表明，自主学习的环境有利于提高内部动机，影响大学生动机水平和体育学习兴趣的主要因素是能力需要，集体项目更容易增强大学生的归属感。

（三）合理行为理论对大学生体育锻炼行为的干预

作为当前预测锻炼行为最为成功的一个理论模型，合理行为理论在锻炼情境中得到了广泛的运用。有学者以合理行为理论为基础，对影响直肠癌患者在康复治疗过程中体育锻炼的决定性作用进行了调查并指出，锻炼意向和行为控制感是影响直肠癌患者在康复治疗过程中锻炼行为的主要因素，且锻炼意向仅受锻炼态度的影响。在康复治疗过程中，直肠癌病人的锻炼态度、行为控制感水平、锻炼意向与参加锻炼的可能性是正相关的。

有学者以大学生为研究对象，通过对大学生 4 周的锻炼行为进行跟踪，来对大学生个体参与锻炼的内部心理机制进行探讨。研究结果表明，在锻炼行为的决策过程中，态度起着重要作用，锻炼态度显著影响了大学生的锻炼行为意向；锻炼态度与主观规范相比，对锻炼行为意向的预测效果更显著。该研究结果为锻炼行为意向能预测锻炼参与行为的理论假设提供了支持。此外，该研究还发现行为控制感可以使锻炼意向的预测水平显著提高。

有关研究发现，行为控制感可以对不同年龄段的锻炼行为意向进行预测，随着年龄增长，行为控制感和主观规范越来越重要，而态度的影响功能在不断弱化。随着态度和主观规范的变化，不同年龄和性别的锻炼意向也会发生变化。锻炼行为态度、主观规范和行为控制感与锻炼意向显著相关，而锻炼意向是锻炼行为最好的预测变量。大学生在实际锻炼中最主要、最有力的预测变量是锻炼行为意向。

（四）跨理论模型对大学生体育锻炼行为的干预

通过跨理论模型，可对锻炼行为的早期情况进行研究，在利用这一理论进行研究时，锻炼自我效能、行为控制感及意向、锻炼益处感知等是主要的考察变量。

根据跨理论模型制定的干预措施，能够对大学生锻炼行为起到很好的干预效果，研究表明，在认知行为干预被实施后，实验组和对照组的大学生在锻炼阶段、锻炼益处感知、锻炼乐趣、规律性锻炼行为等方面都存在明显的不同，与对照组相比而言，实验组的表现更好一些，但两组大学生在锻炼障碍感知维度上的差异较小，因此此种认知行为干预措施有助于促进大学生锻炼行为水平的提高。

跨理论模型在锻炼行为研究中的一个主要成果就是应用该模型能对锻炼行为转变的方向进行有效预测，在锻炼心理学领域的很多研究都证明了此结论。研究发现，通过观察被试大学生对锻炼益处、锻炼弊端或障碍、变化过程因素的感知，能对实验组大学生锻炼行为从预期阶段向准备阶段的转变作出准确预测。

研究发现，处于不同锻炼阶段的大学生进行锻炼的自我决定程度存在差异，与处于前预期阶段、预期阶段及准备阶段的大学生相比，处于行动阶段和维持阶段的大学生进行锻炼的自我决定程度更高，进行自我再评价的次数更多，自我效能更强，能对更多的锻炼益处进行感知，更喜欢应用各种促进锻炼行为的策略。此外，调查还发现，处于锻炼准备阶段的大学生居多，大学生在不同阶段的分布上存在显著的性别差异。

二、基于群体层面的自我效能理论与大学生体育锻炼

有关自我效能理论对体育锻炼行为的干预的研究成果，主要表现在以下几方面：

第一，通常来讲，锻炼意向被认为是激发个体锻炼行为较好的预测因素。研究发现，近期有锻炼意向或刚开始锻炼的人与毫无锻炼意向的个体相比，克服障碍的自我效能更高，自我效能感与个体的锻炼意向之间是正相关的。

第二，自我效能这一变量与锻炼行为联系最为密切，与结果期待相比，自我效能在解释锻炼行为的激发方面获得了更多的支持。锻炼自我效能与大学生参与锻炼的频率、锻炼坚持性之间也是正相关的关系。

第三，研究表明，大学生锻炼行为频率、锻炼坚持性会受到自我效能水平的影响。当大学生满怀信心，相信自己能成功地完成锻炼计划时，其参与锻炼

的频率就比较高，而且可以坚持参与锻炼。

第四，自我效能对锻炼行为的预测作用十分显著，锻炼行为自我效能在不同锻炼阶段发挥着不同的作用，以自我效能为基础的锻炼干预策略，能够促进大学生个体锻炼坚持性的提高。

第五，行为对自我效能可能会有反作用，锻炼行为与个体锻炼的自我效能同样存在这样的关系。影响自我效能最显著的因素通常认为是成功体验，因而可以假设锻炼过程中的成功体验有助于提高锻炼自我效能水平。研究表明，在高强度的锻炼任务完成后，被试者的情绪越来越积极，对今后完成此类任务的信念也有一定程度的提升。对被试者的自我效能测量结果显示，锻炼后自我效能水平比锻炼前的自我效能水平明显要高。

总体而言，大学生自我效能与锻炼行为之间相互促进、存在正相关的关系，通过成功体验的作用，短时或长期的锻炼行为又会提高自我效能水平。为激发大学生的锻炼行为，需要克服有关锻炼的自我效能障碍。通过自我效能因素可对锻炼行为的阶段变化进行预测，提高锻炼行为的坚持性，但当锻炼行为变成一种习惯性的行为之后，自我效能对锻炼行为的影响作用则呈现下降趋势。

在锻炼行为对自我效能水平反作用的影响方面，很多研究都表明，锻炼行为有助于提高自我效能是通过成功体验的作用实现的。

第四节 锻炼行为生态学理论在大学生体育锻炼中的应用

一、锻炼行为生态学理论概述

（一）锻炼行为生态学理论的提出

20 世纪 70 年代末，美国心理学家布朗芬布伦纳（Bonfenbrenner）开始批判传统发展心理学，从生物生态角度来看待人类的发展，在真实情境中对儿童的不同行为变化情况进行研究，并发表了《人类发展的生态学》。该学者对人与环境的关系、环境与人的相互作用有突出的强调，按照环境与个体行为的密切程度，将环境因素分成层层相扣的不同等级。但是他忽略了个体因素对行为的影响，仅解释了外界环境因素。20 世纪 90 年代初，Wachs 在布朗芬布伦纳提出的生态系统理论的基础上，综合社会支持、物理特征、高水平调节变量等因素，对有利于儿童发展的环境结构模型进行了构建，认为社会支持、物理特征、高水平调节变量等因素相互影响、相互作用，高水平调节变量间接影响个体行为。2003 年，Spence 在 Wachs 的基础上，深入研究了环境结构模型的四个等级、高水平调节变量的定义和具体内容，并将其运用到体育运动领域，对锻炼行为生态学模型进行了构建。

（二）锻炼行为生态学理论的结构模型

锻炼行为生态学理论的结构模型如图 3-1 所示。

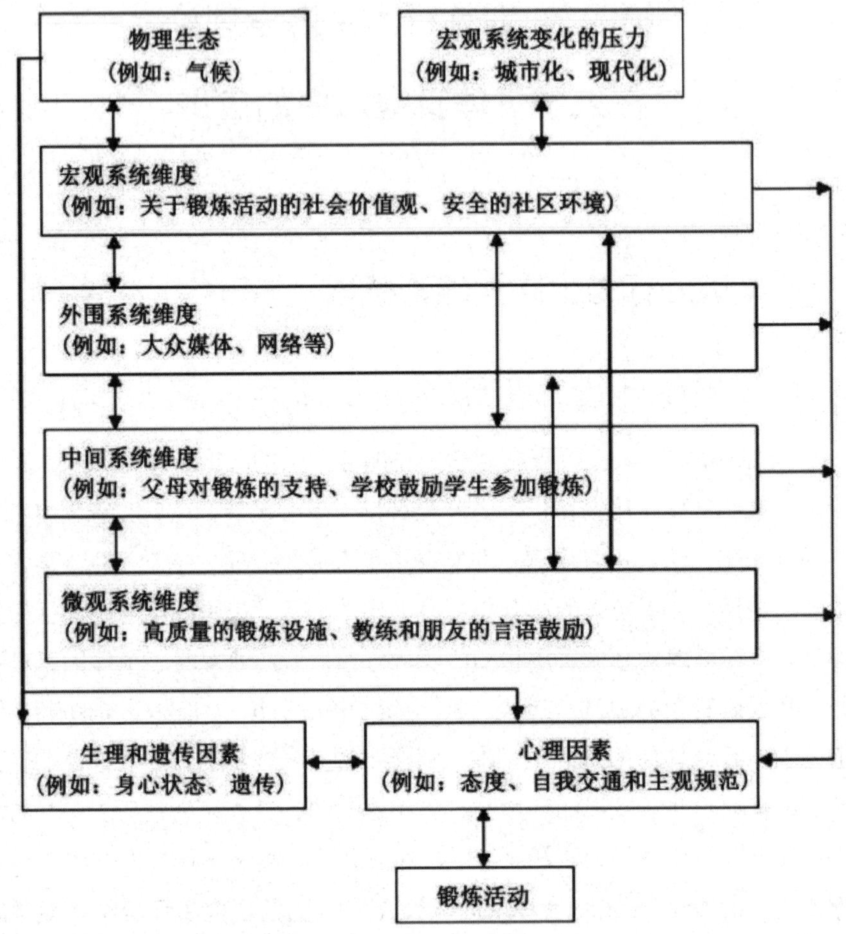

图 3-1 锻炼行为生态学理论的结构模型

（三）锻炼行为生态学理论的主要观点

锻炼行为生态学模型主要用来描述环境因素、生理因素和心理因素等因素之间的相互关系，以及这些因素对个体锻炼行为的影响。

根据距离个体远近密切程度，可以将影响个体锻炼行为的环境因素分成四个系统，分别是微观系统（距离个体最近、直接作用于个体）、中间系统（两个及两个以上微观系统相互作用）、外围系统（通过多渠道影响个人和环境）以及宏观系统（包括前三个系统，距离个体最远）。

社会环境和物理生态环境间接影响个体锻炼行为，影响路径有两个，一是通过生物遗传因素、心理因素的间接作用，二是宏观系统的调节作用。

各系统维度既能够对个体锻炼行为造成直接影响，又可通过高水平调节变量对锻炼行为产生间接影响。

各维度间既有一对一的直接作用，又有一对多的跨系统维度的相互作用，各系统相互作用、相互影响，任一维度的变化都会影响其他维度。

二、锻炼行为生态学模型在大学生体育锻炼中的运用

生态学模型可从不同层面着手，多角度、全方位地干预人的锻炼行为，该模型同样适用于我国大学生体育锻炼行为的研究。本节将基于生态学模型理论，对影响我国大学生体育锻炼行为的环境因素和个体因素进行探讨，并实施相应的干预，以提高大学生参与体育锻炼的积极性和主动性。

（一）政策

在生态学模型中，最远端的层面就是政策层面，它属于上游策略，可以通过下游策略对人的锻炼行为产生间接影响。政策对锻炼行为的影响主要表现在既可以促进锻炼行为的增加，又可能抑制锻炼行为的持续。例如，《中共中央国务院关于加强青少年体育增强青少年体质的意见》明确要求“学生每天锻炼一小时”，并在全国范围内开展亿万学生阳光体育运动。国家采取行政手段，干预学校体育活动的开展，鞭策地方政府及学校制定相关政策，保证学生的运动时间；修建运动场馆设施，为学生的体育锻炼提供良好的条件，有效促进学生积极参与课外体育锻炼。

但是，有些政策的实施会抑制体育锻炼行为。例如，在当前教育环境下，应试教育的政策导向对学生的体育锻炼产生较大的负面作用，沉重的学业负担

使学生缺乏时间来参加体育运动。对此，各高校应将体育考试纳入最终成绩评定，通过体育考试来鼓励学生参与体育锻炼，这能够促进大学生体育锻炼行为习惯的养成。但一旦结束这种干预，学生的锻炼行为又将恢复到之前的水平，因此，只有建立长期、有效的政策制度，才能使大学生的体育锻炼行为的稳定性有所保障。

（二）学校体育教学

属于中间系统范畴的学校体育教学是影响大学生体育锻炼行为的最重要的系统之一。学校的规章制度、体育场馆设施、体育师资、校园文化等多种生态因素都会影响该系统和学生的体育锻炼行为。通过体育教学，能够提高大学生对体育的认识，增强大学生健康意识，教会大学生体育锻炼的方法，提高大学生的锻炼兴趣，促进大学生锻炼习惯的养成。在课堂体育教学中，应尊重大学生的自主选择权，提高大学生的自我决策能力。同时，教师对大学生的积极反馈可以增强大学生的自信心，从而导致其内部动机的加强，容易使其形成长期、稳定的锻炼行为。在课堂内容设计上，应注重任务导向，安排生动、活泼、有趣的教学内容，以促进大学生兴趣的提升。

体育场馆和运动设施在很大程度上影响学生的锻炼行为。学校的体育场馆设施不仅可以为大学生的体育锻炼提供运动条件，而且场地设施的好坏还会对大学生参加体育锻炼的动机产生影响。研究发现，学校体育设施条件与参与体育锻炼的大学生人数呈显著相关关系，对于体育设施资源条件良好的学校，其参与体育锻炼的大学生人数远远高于体育设施条件较差的学校。同时，兴趣的提高可以缓解由于场地设施不足而造成的负面效应。除此之外，大学生对体育运动的参与还会受到校园环境的影响。

目前，我国体育教学评价体制对体育锻炼行为具有一定的控制性，在一定程度上，大学生参加体育锻炼是为了达到考试要求，一旦考试干预结束，维持大学生参加体育锻炼的动力也会减弱。因此，在体育教学中，应注重培养大学生的内部动机，使大学生养成良好的锻炼行为习惯。

（三）社会支持

社会支持对大学生参与体育锻炼有重要的影响。帮助个体完成期望目标的行为，就是社会支持，包括家庭、教师、朋友和社会物质条件等。下面具体分析家庭支持与同伴支持：

1.家庭的支持

家庭是大学生生活的中心，家庭支持是影响大学生体育行为的最主要的因素之一。家庭支持主要体现在情感支持和经济支持两个方面，子女参与体育锻炼的发展方向，会受到父母对锻炼行为的认知水平的影响，或是促进作用，或是抑制作用。经济支持必不可少，为子女购买体育用品、承担体育消费，能够提高其参与体育锻炼的积极性。

2.同伴和朋友的支持

同伴和朋友的支持是促进大学生长期维持体育锻炼行为的重要因素。在锻炼的过程中，同伴之间相互协作、相互鼓励，共同分享乐趣和成果。除此之外，同伴的参与还可以营造良好的锻炼氛围，能够维持大学生长期参与体育锻炼的动机。

（四）个体因素

影响大学生参与体育锻炼的个体因素包括两个方面：一是生理因素，二是心理因素。

1.生理因素

大学生在选择运动项目类型及运动负荷时，主要由生理因素所决定，体能状态良好的大学生喜欢参与剧烈且富有挑战性的运动项目。生理因素在个体外在环境与行为之间具有调节作用，它可能会对个体参与活动的类型和运动负荷产生影响，但无法对个体参与活动的原因进行解释。

2.心理因素

在个体外在环境与行为之间，心理因素更可能起到中介效应的作用，大量研究证明，身体锻炼与心理因素（自我效能、自觉障碍、感知利益、愉悦和社会支持等）之间存在一定的相关性，这种中介效应的存在，已经被社会认知理论、计划行为理论证实。

态度、动机、认知等影响个体行为的内在因素都是心理因素。提高大学生的体育锻炼动机，是推动和长期维持大学生参与体育锻炼的关键。这首先要求大学生全面且深入地了解体育运动，了解体育锻炼的内在价值及其对自身发展的影响。其次，激发大学生运动动机的关键，在于使大学生认识到在运动过程中能够享受运动的乐趣，展示才能，实现自我价值。

影响内部动机的主要因素是目标定向，这是社会认知理论中的一个主要观点。任务定向能够激发人们对任务的直接兴趣，因此在体育教育的过程中，应鼓励大学生多参与任务定向的体育活动，提高大学生的自信心，以此强化大学生体育锻炼的内部动机。

除此之外，影响动机的因素还有归属感、自我效能、自我决策等。

第四章 体育锻炼的原则与方法

第一节 体育锻炼的基本原则

一、遵循安全性原则

安全性原则要求在体育锻炼的过程中始终注意保护自己，做到安全第一。安全性原则的主要内容包括以下方面：

一是在制订或实施锻炼计划前，一定要进行体检，得到医生的许可。如果患有某种疾病或有家族遗传病史，就需要找医生咨询，在有医务监督的情况下，按照医生的建议进行锻炼。

二是在有条件的情况下，请运动医学专家根据自己的体质健康状况开运动处方，它可以指导人们有目的、有计划地进行安全、科学的锻炼。

三是在每次锻炼前，必须做好充分的准备活动，克服内脏器官的生理惰性，防止出现运动损伤。

四是在饭后、饥饿或疲劳时，应暂缓锻炼；在疾病初愈后，不宜进行较大强度的锻炼。

五是在每次锻炼后，要注意做好整理、放松活动。这有利于促进身体的恢复，以便再投入到学习中去。

六是在锻炼过程中，不要大量饮水，以免加重心脏的负担或引起肠胃的不适。在运动后，不宜立刻洗冷水澡。

二、遵循全面发展原则

对多数体育锻炼者来说，进行体育锻炼并不是单纯地发展某一运动能力或身体某一器官的生理机能，而是通过体育锻炼使整体机能得到全面、协调发展，所以在进行体育锻炼时，要注意活动内容的多样性和身体机能的全面提高。如果只单纯发展某一局部的生理机能，不仅提高生理机能的作用不明显，而且会对身体机能产生不利影响。例如，青年人在进行力量练习时，如果只注意右臂力量的发展，久而久之，就会出现右臂粗、左臂细，甚至脊柱侧弯的现象；老年人如果只注重运动系统机能的提高，而忽视心脏功能的发展，就会造成运动系统机能和心肺功能的不协调，在进行体育锻炼时，很容易由于心脏不适应运动系统的活动而发生意外。

全面发展原则主要有两层意思：一是体育锻炼的项目要丰富多样。对于不同的体育锻炼项目，对身体机能的影响作用不同。选择多样化的锻炼项目，将有助于身体机能的全面提高，对青少年体育锻炼者来说更应如此，以免由于单一的体育锻炼造成身体的畸形发展。二是体育锻炼项目的多功能性。如果受到体育锻炼时间和锻炼条件的限制，不可能选择较多的运动项目，那么在确定体育活动内容时，就应当选择一种能使较多器官或部位得到锻炼的运动形式，以保证做到活动项目虽然单一，但仍可对整体机能产生全面影响。

三、遵循适量性原则

每次进行体育锻炼都要有恰当的生理负荷。在一定范围内，生理负荷越大，其锻炼的效果就越明显，但每次锻炼的生理负荷要与锻炼的目的、目标相符合。

遵循适量性原则要注意以下三点：

一是在锻炼中要量力而行，不要逞强。

二是所谓适量的“量”是相对的，要依据自身能力的提高而提高，依据自身能力的下降（身体不舒服或较长时间停止锻炼）而降低等。

三是掌握好锻炼的“量”是体育锻炼的精华，应该通过摸索、学习尽量做到适量。

四、遵循超负荷原则

超负荷原则是指在进行体育锻炼时，身体或特定的肌肉受到的刺激程度强于不锻炼时或已适应的刺激程度。在进行体育锻炼时，只有遵循超负荷原则，身体健康素质才能逐渐得到提高。

要提高有氧耐力水平，可以通过增加每周的练习次数、延长每次练习的持续时间和加大每次练习的强度来达到超负荷锻炼的目的。

发展肌肉力量练习的超负荷，可通过增加器械的重量、增加练习的次数或组数，以及缩短每组练习的间歇时间来实现。

发展关节和肌肉的柔韧性，可通过增加肌肉的拉伸长度、延长拉伸持续的时间和加大关节活动的幅度来实现。

虽然超负荷锻炼可以使身体健康素质逐渐得到提高，但这并不意味着每次必须练到筋疲力尽。事实上，即使不进行超负荷的练习，一般性的锻炼也能保持和提高身体的健康水平，只不过要花更多的时间进行锻炼，才能取得良好的锻炼效果。

五、遵循循序渐进原则

循序渐进原则是超负荷原则的延伸，该原则是指在进行体育锻炼或发展某种身体健康素质时应逐渐增加运动负荷。要想获得理想的锻炼效果，增加运动负荷不宜太慢或太快。运动负荷增加太慢，会限制身体健康素质的进一步提高；而增加太快，则可能造成过度疲劳或引发运动损伤，影响正常的学习和生活。

体育锻炼的循序渐进原则是保持体育锻炼的动机、欲望，以及预防运动损伤的重要条件。需要牢记的是，提高身体健康素质是一个需要终身追求的漫长历程。如果一个人放松或忽视了循序渐进的体育锻炼，在进行《国家学生体质健康标准》测试时又想取得好的成绩，那么痛苦、沮丧、自卑等不良的心理体验就会与测试结伴而来，最终导致其对体育锻炼的恐惧、厌倦和冷漠，使健康的发展链就此中断。

六、遵循经常性原则

经常参加体育活动，锻炼的效果才会明显、持久，所以体育锻炼要经常化。虽然短时间的锻炼也能对身体机能产生一定的影响，但一旦停止体育锻炼后，这种良好的影响作用会很快消失。一次性体育活动可以提高人体的免疫机能，增强人体的抗疾病能力，但这种作用在体育锻炼后的第二天或第三天就消失了，所以要想保持旺盛的体力和精力，就必须坚持参加体育锻炼。以减肥为主要目的的体育锻炼，就更应该坚持不懈，因为一旦有了减肥效果就停止锻炼，会使体重继续增加，体重的过多反复，会使体重出现“超量恢复”，不仅不能减肥，反而可能会使体重增加。

经常参加体育锻炼，应注意以下问题：

一是一旦参加体育锻炼，并对身体产生良好影响，就应自觉地坚持下去，活动的内容和项目可以更换，但锻炼不能停止。

二是要经常参加体育锻炼，并不是说无论遇到什么情况都不能停止锻炼，只要合理制订锻炼计划，如每周锻炼 3 天，或每周锻炼 5 次等，避免长期停止锻炼，就能保持锻炼效果。

三是因气候条件不能在室外进行锻炼时，可改在室内进行，即使暂时变换锻炼的内容，对锻炼效果也不会有太大影响。因工作繁忙而不能按原计划进行体育锻炼的人，可充分利用零散时间进行体育活动，进行短时间的体育活动，同样会取得锻炼的效果。

七、遵循环境监控原则

（一）注意太阳射线对人体的影响

在体育锻炼时，强烈的阳光会对人体暴露在外的皮肤造成很大的伤害。紫外线可使局部皮肤毛细血管扩张充血，使表皮细胞遭到破坏，导致皮肤发红、水肿，出现红斑；过量紫外线照射还可引起光照性皮炎、眼炎、白内障、头痛、头晕、体温升高及精神异常等。

红外线的穿透力较强，常用于消炎，镇痛，改善局部营养，治疗运动创伤、神经痛和某些皮肤病。但是，过强的红外线照射对机体有害，它会使机体局部组织温度过高，甚至造成灼伤。当头部受到强烈阳光照射时，红外线可使脑组织的温度上升而引起全身机能失调。因此，要尽量避免在强烈的阳光下进行体育锻炼，还应选择在反射率低的场地进行锻炼。

（二）避免热环境中的体育锻炼

人体在运动时，不管外界的温度如何，体内的产热量都会大幅度增加，剧烈运动时的产热量会比平时增加 100 倍以上。体内产生这么多的热量，在高温的环境下很难在短时间内向外散发，于是便会蓄积在体内，使得体温升高，引起一系列的机能失调，甚至导致死亡。

因此，在气温较高的环境中进行体育锻炼，必须采取防暑措施，否则就会有患热辐射疾病的风险。首先，应尽量避免在酷暑下锻炼，如在气温较高的环境中锻炼时，一定要及时补充水分，通过增加排汗量来促进体内热量的散发；其次，要控制练习的强度和时间，还要穿合适的服装，既要保护皮肤不被红外线灼伤，又要通风透气，保证体热的散发，防止热疾病的发生。

（三）避免冷环境中的体育锻炼

在寒冷的环境条件下进行锻炼，可以提高人体对外界环境变化的适应能力和对疾病的抵抗能力。但是，冷环境可使肌肉的黏滞性增大、伸展性和弹性降低，导致工作能力下降，容易出现运动损伤。

为了避免冷环境给运动带来的不利影响，首先，在运动前，一定要做好准备活动并延长准备活动的时间，保证体温逐渐升高；其次，不要张大嘴呼吸，避免冷空气直接刺激喉咙而引起呼吸道感染和咳嗽等；最后，注意耳、手、足的保温，防止这些部位被冻伤。另外，在运动时，不要穿太厚的服装，以免在运动中出汗较多，导致运动后感冒；在运动后，要及时穿好衣服保持体温。

（四）注意湿度对体育锻炼的影响

在气温适中时，空气的湿度对人体的影响不大，而在高温或低温时，较大的空气湿度对人体十分不利。空气湿度越大，人体通过蒸发散热的途径就越容易受到阻碍，人体产热和散热的平衡就会被打破，机体的正常功能将会受到不良影响。

在一般情况下，适宜进行体育锻炼的湿度为40%～60%。在气温过高或过低的情况下，空气湿度越低越好；当气温高于25℃时，空气湿度以30%为宜。

（五）避免在空气污染的环境中进行体育锻炼

大气污染物的种类有100多种，其中对人类有较大威胁的是烟雾尘、硫化物、氧化物、氮化物、卤化物、有机物等。大气中的污染物一般通过呼吸系统进入人体，也可以通过接触皮肤、黏膜、结膜等危害人体。

大气中的臭氧和一氧化碳是影响体育锻炼效果的两种重要的污染物，它们可导致胸腔发闷、咳嗽、头痛、眩晕及视力下降等，严重时还会导致支气管哮喘。当空气中的臭氧含量达到0.2～0.75 mg/L时，不应再进行户外锻炼。

一氧化碳可减少血液中血红蛋白的数量，降低血液运输氧的能力，从而直接影响锻炼效果。由于汽车排放的尾气中含有大量的一氧化碳，因此应避免到车流量大的马路边散步或跑步。

当出现沙尘暴、可吸入颗粒物较多或大雾天气时，应停止户外锻炼。

第二节 体育锻炼的常用方法

一、持续锻炼法解读

持续锻炼法是采用单一的运动手段，连续不间断地进行锻炼的方法。这种方法简单易行，适合初学者。持续锻炼法十分注重持续运动的负荷时间，负荷的强度要适中，锻炼中间不停顿。在采用这种方法开始的 5～10 min 可作为准备活动时间；以后锻炼持续的时间应该在 15 min 以上，心率保持在 120～150 次/min；总的锻炼时间视自己的体育基础和锻炼计划而定，作为普通大学生，一般不超过 120 min。

持续锻炼法的主要作用是，使机体在较长时间负荷的刺激下，产生较明显的锻炼效果。这是提高心肺功能和耐力素质常用的方法。适宜采用此方法的锻炼项目有长跑、游泳、速度滑冰、骑自行车、健身操、跳舞和走步等。另外，还有一些简短的锻炼也可以采用此方法。

持续锻炼法可按时间长短和强度大小分为小强度、中强度和大强度锻炼，详见表 4-1。

表 4-1　持续锻炼法的种类

项目＼种类	小强度	中强度	大强度
负荷时间	30 min 以上	15～30 min	1～15 min
负荷强度	小	中等	较大
间歇时间	无	无	无
动作结构	单一	单一	单一
供能方式	有氧	有氧与无氧混合	无氧
负荷性质	发展耐力素质 健身 娱乐	发展速度耐力素质 发展力量耐力素质 健身	发展速度素质 发展力量素质 提高竞技能力

持续锻炼法实例如下：

走步：40～60 min，速度稍快。

骑自行车：30～60 km，中等速度。

游泳：40～60 min，中小负荷。

跑步：2～4 km，中等速度。

俯卧撑：20～50 个，或直到做不动为止。

仰卧起坐：20～50 个，或直到做不动为止。

二、重复锻炼法解读

重复锻炼法是在运动形式、负荷基本不变的情况下，按照自己的设想，反复进行同一项目的练习，两次练习的间隔时间比较充分，能使机体机能基本恢复的一种练习方法。重复锻炼法的主要作用是，经过同一动作的多次重复，机体对运动条件反射的过程不断强化，通过这一相对稳定的负荷强度的多次刺激，机体可产生较显著的适应性。这种锻炼方法容易掌握，适合初学者，适用于发展各种运动素质，也适用于学习和提高各种运动技术。重复锻炼法适用丁周期性项目，如走步、跑步、骑自行车、游泳、速度滑冰，以及一些力量、速度型练习。

重复锻炼法有三种基本形式，即短时间重复法、中时间重复法、长时间重复法，见表 4-2。

表 4-2　重复锻炼法的种类

种类 项目	短时间	中时间	长时间
负荷时间	<10 s	<2 min	3～5 min
负荷强度	最大	大	较大
间歇时间	充分	充分	充分
动作结构	单一	单一	单一
供能方式	无氧	无氧与有氧混合	无氧与有氧混合
负荷性质	发展速度素质 发展力量素质	发展速度耐力 发展力量耐力	发展速度耐力 发展力量耐力

重复锻炼法实例如下：

走步：走 20 min，休息 5～7 min，为一组；完成 3～5 组，走速可稍快。

跑步：跑 400 min，休息 3～5 min，为一组；完成 3～5 组，跑速中等。

游泳：游 200 min，休息 5～7 min，为一组；完成 5～10 组，游速中等。

50 min 快速跑：跑后休息 5～7 min，为一组；完成 6～10 组。

蛙跳：30 min 后休息 10～15 min，为一组；完成 4～6 组。该运动能发展下肢爆发力。

卧推：50 kg 杠铃推 10 次，休息 8～10 min，为一组；完成 4～6 组。该运动能发展上肢力量。

仰卧起坐：起坐 20～30 次，休息 10 min，为一组；完成 5～7 组。该运动能发展腹肌力量。

三、间歇锻炼法解读

间歇锻炼法是指在锻炼时，练习者严格按照运动的负荷强度、时间及每次练习的间歇时间进行，一般是在每次练习后机体没有完全恢复的状态下，就开始下一次的练习。间歇锻炼法由五种要素构成，即每次练习的时间与距离、练习重复的次数与组数、每次练习的负荷强度、每组练习之间的间歇时间，以及间歇时的恢复方式。

间歇锻炼法如果运用得当，其效果显著，但也有一定难度，适合有一定体育锻炼基础者采用。初学者采用此方法进行锻炼时，最好有教师或教练指导，或者有同伴协助进行。

间歇锻炼法主要有三种形式，即极强性间歇锻炼法、强化性间歇锻炼法和发展性间歇锻炼法，详见表 4-3。

表 4-3　间歇锻炼法的种类

种类 项目	极强性间歇锻炼法	强化性间歇锻炼法		发展性间歇锻炼法
		I 种	II种	
负荷时间	20～40 s	40～90 s	90～180 s	>5min
负荷强度	最大	大	大	较大
心率	180 次/min	170 次/min	160 次/min	150 次/min

续表

种类 项目	极强性 间歇锻炼法	强化性间歇锻炼法		发展性 间歇锻炼法
		I 种	II种	
间歇时间	不充分	不充分		不充分
心率指标	120～140 次/min	120 次/min		120 次/min
动作特点	基本稳定	基本稳定		基本稳定
运动性质	速度耐力 力量耐力	速度耐力 力量耐力		速度耐力 力量耐力

间歇锻炼法实例如下：

短跑 50 m：使心率接近最大心率，之后休息 1 min 左右，在心率恢复到最大心率的 70%～80%时，再跑 50 m；如此反复做 5～8 组。

跑 400 m：使心率接近或达到最大心率，之后休息 5 min 左右，在心率恢复到最大心率的 60%～70%时，再跑 400 m；如此反复做 4～6 组。

跳绳 2 min：使心率接近或达到最大心率，之后休息 1 min 或 2 min，在心率恢复到最大心率的 70%～80%时，再跳 2 min；如此反复做 6～8 组。

游泳 100 m：使心率接近最大心率，之后休息 3 min 或 4 min，在心率恢复到最大心率的 60%～70%时，再游 100 m；如此反复做 6～8 组。

跟随音乐跳健美操 8 min：测出此时的心率，在心率下降 20%～30%时，再跳 8 min；如此反复做 5～7 组。

四、巡回锻炼法解读

巡回锻炼法是根据事先的计划或设想，安排几个锻炼项目或场所，锻炼者按照一定的顺序，依次进行锻炼的方法。这种锻炼方法比较有趣，能提高锻炼者的积极性，也能较全面地锻炼身体。

对于普通大学生来讲，采用此法进行锻炼时，不宜设置过多的项目和场所，一般设置3～5个即可，设置2个项目反复巡回进行也可以。总之，在采用此法时，一定要根据实际条件和自身的体育基础来设置内容，切不可华而不实。

采用巡回锻炼法，各项目、场所之间的间歇时间并无严格的要求，锻炼者可酌情而定，运动负荷也可由自己掌握。

五、变换锻炼法解读

变换锻炼法是在锻炼的过程中，有目的地变换运动负荷、内容，以及锻炼的环境、条件等。在采用周期性体育项目（如跑步、游泳、骑自行车、速度滑冰等）进行锻炼时，主要是变换运动速度和环境；在采用非周期性体育项目（如各种球类，武术，田径中的跳跃、投掷等）进行锻炼时，主要是变换运动组合和条件。变换锻炼法的主要目的是避免运动时的枯燥、单调，提高锻炼者的兴趣和积极性，培养锻炼者的多种运动感觉和适应能力，全面提高机体的运动素质和健康水平。

大学生在实际进行体育锻炼时，变换锻炼法可以分为主动与被动两种。主动是在锻炼条件（如场地、器材、时间、同伴等）具备时，有目的、有计划地变换锻炼的形式与内容；被动是在锻炼过程中条件发生了变化，正在进行的锻炼只好中断而改换另一种锻炼方式与内容。

变换锻炼法实例如下：

在田径场上慢跑400 m，走400 m，共进行800 m。这种走跑交替的锻炼方法，适合初学者或体质较弱者。

正常走步400 m，速度可稍快，然后后退走400 m，速度可慢些。后退走可以改善腰部血液循环，对于经常久坐的大学生很有益处。

用杠铃做卧推练习：40 kg×12次，50 kg×8次，60 kg×6次，70 kg×2次，5 kg×6次，45 kg×8次；以上练习各做一组。

跳绳：双脚慢跳1 min，单脚交替跳1 min，双脚反摇跳1 min，双脚双摇跳 1 min，单脚交替反摇跳 1 min。

打乒乓球 30 min，踢足球 30 min，再打台球 30 min（休息和恢复）。

骑自行车 40 min，再游泳 40 min。

六、竞赛与表演锻炼法解读

竞赛是体育运动的重要形式与手段，竞赛能提高参与者的积极性，激发参与者的兴趣，能极大地提高锻炼效果与运动成绩。体育竞赛是很能吸引人观看的，这也使竞赛具有了表演性质。由于表演的体育项目（如武术、健美操、体育舞蹈、花样滑冰等）有观众观看，所以参与者一般都会很认真、很努力地去做好每个动作，这也会显著地提高锻炼效果。

另外，经常参与体育竞赛与表演，会培养大学生良好的心理素质，如顽强、勇敢、沉着、果断、机智和灵活等。所以，大学生应该积极、主动地参与各项适合自己的体育竞技和表演。

七、综合锻炼法解读

综合锻炼法是把几种锻炼方法结合起来，因地制宜、取长补短、为己所用。大学生可以根据自己的情况，选择最适合自己身体条件与周围体育环境的项目进行锻炼。

第五章 大学生体育锻炼与营养卫生

营养与体育关系密切，对锻炼效果有着很大的影响。体育锻炼造成的能量消耗，要在运动结束后，通过合理的营养膳食进行补充。本章围绕大学生体育锻炼与营养健康、卫生保健展开论述。

第一节 大学生体育锻炼与营养健康

一、营养与营养素认知

机体从外界环境中摄取、消化食物，并对其中的营养成分进行吸收和利用。食物中所含的营养成分种类很多，营养学家把它们归纳为七类，即蛋白质、脂肪、碳水化合物（糖）、矿物质、维生素、水和纤维素。纤维素不能被人体消化、吸收，将它列为营养物质，主要是因为膳食粗纤维具有促进肠蠕动，帮助消化和通便的功能。这七类营养物质都是人体必不可少的，因此又把它们称为营养素。

营养素在体内具有三种主要功能：

一是供给人体所需的能量。营养学上所说的能量指热能，通常以 kcal 或 J 表示（1 kcal=4.184 kJ；1 kJ=0.239 kcal）。按照一般的计算方法，每克蛋白质或碳水化合物在体内可供给 4 kcal 热能，每克脂肪供给 9 kcal 热能。人体借助热能以维持体温，进行呼吸、循环、消化、吸收、分泌、排泄，以及表现在体外的劳动和各种活动等。

二是供给身体生长、发育和修补组织所需的原料。

三是调节生理机能。人体是一个极为复杂的有机整体，不同的组织或器官都有它们特定的生理作用。营养素能适时地促进或抑制体内的化学反应，从而维持身体各组织和器官的正常运转。

二、膳食平衡的内容

（一）营养平衡

随着生活水平的提高，人们的食品结构发生了变化，但仍然需要讲究营养平衡。所谓营养平衡，主要指机体摄取蛋白质、碳水化合物和脂肪三者能量的平衡。人们每天摄入的总热量大约是 2 500 kcal，据有关资料分析，摄取三种能量物质较理想的比例为：蛋白质占总热量的 12%～15%，脂肪占总热量的 20%～25%，碳水化合物占总热量的 60%～70%。如果按重量比计算，三种物质的比例大约为 1∶0.8∶4。在我们日常的食谱中，宜适当降低脂肪的摄入量。

（二）合理营养的搭配

在生活中，食物的种类很多，有的含营养素很多，有的含营养素很少，有的所含营养素比较全面，有的又不甚完全。我们日常的膳食是由多种食物混合而成的混合型膳食，食物中各种营养成分可以相互补充、取长补短，以此来提高营养价值。

理想的膳食必须含有人体所需的全部营养素，其数量能够满足人体需要，并以一定的比例被摄入，保证机体正常的生长发育和健康。如果人体摄入的营养素过剩或不足，都会影响机体的生长发育和健康。在正常情况下，成年人的体重应该保持稳定，如果体重增加，常提示热量的摄入超过热量的消耗，是营养过剩的表现。在青少年阶段，体重随年龄、身高的增长而增加是正常生长发育的指标，但不应该超过正常范围，否则就是营养过剩的表现。目前，由于营养增加、运动减少，青少年超重和肥胖的发生率有增加的趋势，这对他们的身心发育是不利的。

（三）膳食安排

一天的膳食安排对人整天的工作、学习和健康会产生影响。

一般情况下，早餐的热量应占全天食物热量的 25%～35%。不少人吃早餐比较随便，甚至不吃早餐，这会影响整个上午的学习和工作效率。选择体积小、合口味，而又富含蛋白质的食物作为早餐较为适宜。这种食物可使体内的血糖保持较高水平且较为稳定，不会出现高糖饮食后的“思睡”现象，而且蛋白类食物较耐饥，从而使人整个上午都能保持精力充沛。

午餐的热量应占全天食物热量的 40%，应适当增加含蛋白质和脂肪的食物，以保证下午的工作和学习效率。同时，午餐也是机体一天中的营养的最主要来源。

晚餐的热量不宜超过全天食物总热量的 30%，且以少而精为好。晚餐吃得过多、过于油腻，容易使人兴奋和失眠。同时，会使血液的黏滞度增高、流动缓慢，如果此时入睡，对心脑血管不利。除此之外，热量高的食物容易使人发胖。对有晚睡习惯的人，晚餐可以适当增加热量，也可在晚餐后加用夜宵，但要注意全天食物的总热量不应超过人体正常的热量需求。

进行体育锻炼要注意饮食规律，进餐时间与体育锻炼的时间应有一定的间隔，特别是早、中、晚三个正餐，食物较多且复杂，胃肠道负担较重，因此合理的做法一般是在运动后半小时以上再进食，餐后应休息 1.5～2.5 h 后，才可运动。

三、体育锻炼与营养

运动能促进新陈代谢，增加能量消耗。因此，参加各种运动后，必须补充热量，一般情况下，每天需要增加 300～500 kcal 的热量，相当于每天多吃一个鸡蛋、半斤牛奶，外加一两米饭，具体应根据活动量的大小适当增减。

（一）适量摄取各种营养素

碳水化合物是提供热量的主要营养素，它比蛋白质和脂肪容易消化吸收，而且在体内分解产热快、耗氧量少，参加体育运动应适当增加碳水化合物的摄取量。摄取碳水化合物的种类应以淀粉类为主，它们的分子量相对较大，排空较慢，适应性强，且含有其他营养素。不宜直接服用葡萄糖或白糖，但在运动后，适当喝点富含果糖的蜂蜜，有利于体能的恢复。

蛋白质是构成机体组织的重要成分，也是生物催化剂——酶的主要成分。成年人每天每千克体重需 1～1.5 g 蛋白质。经常参加体育运动，使机体对蛋白质的需求量增加，每千克体重约需 2 g 蛋白质。在摄取蛋白质时，除了摄取粮谷类主食的蛋白质外，最好要有 50%的动物蛋白质和大豆蛋白质，如牛奶、瘦肉、鸡蛋、鱼虾、豆腐等。因为它们所含的蛋白质含有人体必需的氨基酸，营养价值较高。在选用肉类蛋白时，禽肉优于鱼肉，鱼肉优于兽肉。

脂肪含热量很高，在体内氧化时耗氧量很大，在运动时，组织往往处于缺氧状态。由于脂肪在不完全氧化时会产生大量酮体，引起酸中毒，不利于进行各种活动，因此除参加水中运动项目和冬季运动项目的人需适当增加脂肪摄入外，从事其他运动的人以少摄入脂肪为好。另外，摄入脂肪后的饱腹感较强，会降低食欲，影响人体对蛋白质、碳水化合物的摄取。机体所需的脂肪可由植物性油脂提供，植物性油脂的营养价值较动物性油脂高，含有较丰富的不饱和脂肪酸，既能降低血胆固醇，又有利于脂溶性维生素的吸收，并可提供大量维生素 E。

维生素可以改善机体的工作能力，提高运动成绩。维生素分为脂溶性的维生素 A、维生素 D、维生素 E、维生素 K 和水溶性的维生素 B_1、维生素 B_2、维生素 PP、维生素 B_6、维生素 B_{12}、维生素 C 等多种。维生素 A 是维持人体正常视力与上皮组织健康所必需的营养素，射击、射箭、摩托和游泳爱好者应当多吃一些含维生素 A 或胡萝卜素的食物，如肝、鸡蛋、牛奶、胡萝卜和绿叶菜等。维生素 B_1 可以促进糖原的分解，有利于肌肉活动，还能减轻疲劳和提高工作效率。含维生素 B_1 多的食物有粗粮、豆类、瘦肉、绿叶菜等。维生素 C 在体内能加强氧化还原作用，能促使组织代谢加强，提高机体的工作能力和耐力。经常参加体育运动的人最好多吃富含维生素的食物，每天最少吃 500 g 新鲜蔬菜或水果。

经常参加体育运动的人，要注意矿物质的补充，其中，比较重要的矿物质有钾、钠、氯、钙、磷和铁。钙是构成骨骼、牙齿的主要成分，是维持神经肌肉正常兴奋和心脏跳动的元素。青少年每日需要 1～1.3 g 钙。含钙多的食物有牛奶、虾皮和豆类等。磷与钙一起构成骨的主要成分，也是体内许多酶的重要成分，一切神经、肌肉活动，碳水化合物和脂肪的代谢都需要有磷的参与。同时，磷在维持血液酸碱平衡的缓冲体系中起着重要作用。因此，肌肉活动越多，磷的消耗就越多。青少年每天约需 2～2.5 g 磷，运动量较大的，可适当增加摄入量。含磷多的食物有牛奶、鸡蛋、肉类、豆类及绿色蔬菜。铁是构成血红蛋白、肌红蛋白等物质的重要元素，缺铁容易发生贫血，影响体内氧的运送，使运动能力降低。青少年每天约需 15 mg 铁，经常参加体育运动的人，每天可将铁的摄入量增至 20～25 mg。含铁多的食物有肝、蛋黄、豆类、绿色蔬菜等，其中，动物性食物中的铁营养价值较高。钾和钠能维持水的平衡、渗透压及酸碱平衡，它与肌肉活动有很大关系。当血液中钾和钠的浓度下降时，人体表现为肌肉软弱无力，容易疲劳；当血液中钾和钠的含量急剧减少时，还会发生肌肉痉挛。钠主要由食盐提供，每人每天需要 10 g 左右。在气候炎热和剧烈运动大量出汗的情况下，尤其要注意多补一些盐。钾主要由蔬菜、水果提供。

水对人体很重要，失水过多会影响人体的循环功能。因此，在运动中，可适量补充含盐饮料；在运动后，可根据运动前后体重的变化情况加以补充。如果体重变化不大，可在餐中多喝点菜汤加以补充水分；如果出汗很多，尤其在夏天，在运动后更应注意补水，原则是少量多次，每次约 200 ml，间隔 20～30 min 一次，切忌一次性大量饮水。

（二）不同运动项目与营养

对于速度性运动，如 400 m 以内的短跑、跳远、跳高和跨栏等，其能量来源主要靠糖的无氧酵解。为了迅速供给体内的能源物质、减少体内酸性物质的形成，应该多补充一些容易消化吸收的糖类、维生素 B_1、维生素 C、磷，以及蛋白质，并应多吃蔬菜和水果。

对于耐力性运动，如中跑、长跑及各种球类运动等，其总能量消耗大，对各种营养素的需要量较高。因此，需供给较多的蛋白质、铁、维生素 B_2 与维生素 C，可适当增加脂肪的供应。

对于力量性运动，如投掷、举重、摔跤和拳击等，要求肌肉有较大的力量和爆发力，同时由于热量消耗较大、体内的蛋白质代谢较快，以及为了满足肌肉蛋白增长的需要，对蛋白质的要求就较高，因此应多吃含蛋白质的食物。

体操动作复杂、紧张，对神经系统、力量的要求很高，应多吃一些含蛋白质、维生素 B_1 和磷的食物。在游泳时，由于人体在水中的散热加快、能量消耗很大，因此要多吃热量较高、脂肪及维生素 A 含量较多的食物。对于短距离游泳，要多吃一些含蛋白质的食物；对于长距离游泳，应多吃一些碳水化合物。

（三）运动前适当饮食

在运动前，适当的饮食可以提高运动的效果和比赛的成绩，对后者的影响更大。不适当的饮食会引起肠胃不适或较早感到疲劳，无法发挥出应有的运动能力。运动前的饮食依据个人的喜好、习惯、适应程度和参与的运动有所不同，总体上讲，运动前适当饮食的好处有两点：一是为机体的肝糖原做最后的补充，保证整个运动的过程有足够的能量。在运动中，对糖的利用是渐次的，随着时间的延长，依次动用肌糖原、血糖，最后是肝糖原。如果出现肝糖原存量不足的情况，就会使人感觉疲劳，导致运动能力下降。二是提供充足的水分，使机体处于水合状态。

1.运动前进食的类型

在运动前，应以高糖低脂低蛋白食物为主，如面食、米饭和水果等，这些食物容易消化，又能提供糖类，作为运动时的能量来源。如果运动的时间为60～90 min，可以选择升糖指数较低的食物，如面食、运动饮料，这些食物较易消化，能够迅速地提供糖类。含高纤维素的食物较容易造成腹部不适，应避免在运动前食用。

2.运动前进食的时机

进食的时机随着运动的时间和食物的种类而不同，但共同的原则是：在运动过程中可提供充足的营养和能量，而又不至于在运动过程中造成肠胃道不适。一般而言，正常一餐的食物需 3 h 或 4 h 的消化时间，才不至于在运动中感到肠胃不适，分量较少的一餐需 2 h 或 3 h 的消化时间，少量的点心只需 1 h 的消化时间，这些情形依照个人在运动时对胃中食物的感觉不同而有差异。在通常情况下，运动前的进食以七成饱为宜。如果个人在运动时对胃中的食物很敏感，少量的食物就会令人感到饱胀不适，就需要让食物有更长的时间消化，或进食更少的食物。

一般来讲，身体上下震动比较大的运动员，如篮球、跑步运动员等，对胃内食物比较敏感，少量食物可能就会使其感到不适，这就需要在比赛前更早的时间进食，或是减少食物的摄取，以减轻这些症状；而身体震动相对较小的运动员，如自行车和游泳运动员，受到胃中食物的影响不太明显，对于进食的时间和食物的选择有一定的弹性。

少数人若是在运动前 15～120 min 吃甜食或是高升糖指数的食物，如运动饮料、面包、蜂蜜等，在运动时会发生低血糖、感到头晕和乏力。因为这些食物可刺激胰岛素的分泌增加，而运动时肌肉耗能也增加，两者都可引起血糖下降，从而影响运动能力。为避免出现血糖过低的症状，最好的方法是：对于短时间的运动（持续时间在 40 min 以下），可在运动前 5～10 min 进食甜食，因为胰岛素的分泌无法在这么短的时间内反应，而在运动开始后，胰岛素的分泌会被抑制，不会对升高的血糖产生反应，也就不会有上述的血糖过低的症状发生；如果运动时间较长，则宜在运动前 2 h 吃，此时，胰岛素增高的因素已不明显。

没有任何一种食物或是任何一种进食时间表可以适合所有人，每个人都需要在练习时实际体验，找出最适合、最有效的食物和进食时间。

（四）运动后的营养与恢复

体育锻炼后的恢复是体育锻炼中非常重要的环节，恢复的好坏不仅直接影响到锻炼的效果，而且关系到第二天的运动能力。越来越多的研究表明，锻炼后简单的休息仅是恢复的手段之一，如果能适当地补充营养，将对体能的恢复有很大的帮助。

运动后营养与恢复的主要作用有三个方面，即补充因汗液流失而损失的水分和电解质、补充运动中消耗的糖、修复受伤的组织。

1.补充水分

剧烈的运动会导致机体流失大量的水分，失水会影响运动的能力，即使失水只占体重的 1%，也容易引起疲劳和不适；如果失水占体重的 3%，不适感会加重，运动能力可下降 20%～30%；如果在运动中已经补水，但通常都会少于丢失量。因此，在运动后机体还是处于不同程度的缺水状态，需要积极地对水分加以补充。

想要知道到底在运动中流失了多少水分，最直接的方法就是计算运动前和运动后的体重变化，每减少 1 kg 体重，就表示至少需要补充 1 kg 水，甚至更多，因为在运动后仍然会持续地流汗和排尿。若是不方便测量体重，也可以根据口渴的感觉喝水。但是人类的口渴感觉并不灵敏，即使身体已经处于缺水状态，仍然不会觉得口渴，即有意识脱水；或是虽然喝进去的水并不足以完全补充丢失的水分，但是已经足以缓解口渴。所以，即使已经不觉得口渴，至少还要再喝 2 杯或 3 杯水，才能补充足够的水分。另一个明显的指标是排尿，如果在运动后 1 h 或 2 h，排尿量很少或是完全没有，而尿液的颜色很深，表示身体仍然处于缺水的状态，仍需补水，直到排尿量恢复正常，并且尿液颜色变成很淡或是无色，这才表示身体已经有了足够的水分。

2.补充电解质

汗液中主要的电解质是钠和氯离子，还有少量的钾和钙。人们进行了长时间的运动如长跑，或是在酷热的天气下连续剧烈运动数小时，可在运动后以淡盐水或运动饮料补充水分和电解质。一般情况下，运动后丢失的电解质在正常的饮食中可以得到补充。

3.补充糖类

糖原是运动时的主要能量来源之一，存在于肌肉和肝脏中。肌肉中的糖只能供给肌细胞所用，而肝脏中的糖可以以葡萄糖的形式释放到血液中，供给肌肉及身体其他器官所需。体内糖存量不足以应付运动所需，是造成机体疲劳和运动能力降低的原因之一。运动后体内的糖存量显著地降低，若是没有积极地补充，下次运动时的表现就会受到肝糖原不足的影响而降低。

研究显示，在运动后 2 h，身体合成肝糖原的效率最高，2 h 后则会恢复到平常的水平。因此，如果想在运动后迅速补充糖类，就可以利用这段自然的高效率时段，迅速地补充体内消耗的肝糖原。如果下次训练或比赛是 10～12 h 后，这段高效率期就特别重要，因为如果错过这个时段，即使在后续的时间吃进了足够的糖类，身体也可能没有足够的时间完全补充消耗的肝糖原，使得体内的肝糖原存量一次比一次低，越来越容易感觉疲劳。若下一次运动为 24～48 h 后，即使错过这段时间，接下来只要着重于高糖类食物的摄入，仍然有足够的时间补充所有消耗的肝糖原。

一般建议在运动后 15～30 min 吃进 50～100 g 的糖类（大约是每千克体重 1 g），每 2 小时再吃 50～100 g 糖类，直到进餐为止。正餐及其他运动期间的饮食也应该以富含糖类的食物为主。

4.修复肌肉和组织

即使是没有身体接触的运动，也会造成肌纤维和结缔组织的损伤，运动后的酸痛部分来自受损的肌肉组织。身体接触性的运动，如篮球、足球、橄榄球运动，会造成更多的肌肉损伤。运动后迅速地补充蛋白质有助于修复受损的肌肉和组织，受损的肌肉合成和储存肝糖原的效率也会降低。因此，参与身体接触性运动，或是比赛后受伤的运动员，需要补充更多的糖类，也需要把握运动后 2 h 的那段高效率期，有效地补充体内消耗掉的糖原。

5.适宜食用的食物

现列出含有 50 g 糖类的食物，各人可以依照不同的习惯、喜好及需求量来选择适合的食物，或是加以组合变化：800～1 000 ml 运动饮料、500 ml 纯果汁、3 个水果（苹果、香蕉、橘子等）、6～10 片饼干、2 个水果加 1 杯牛奶、2 片面包加少许果酱和 1 杯牛奶。一般而言，人们在运动以后比较容易接受各式饮料或流质的食物，用以补充糖类和蛋白质，同时不要忘记补充足够的水分。

6.应避免的食物

人们在大运动量运动后，应避免喝酒，因为酒精有利尿的作用，会降低体内的水分，也会减少肝糖原的合成，还会影响受损组织的复原，对于运动后的恢复有很大的副作用；运动后应该避免饮用含有咖啡因的饮料，如咖啡、茶等，因为咖啡因也有利尿的作用，将减缓体内水分的补充。

（五）有效促进肌肉发达的饮食

以往的研究表明，运动员在训练后 25～35 min 吃一些碳水化合物，能急剧加速肝糖原和肌糖原的恢复。“加速”的持续时间为 1 h 或 2 h，然后又转入慢速的恢复过程。一般情况下，糖原的恢复需要 18～20 h。实际上，受到营养、遗传等种种因素的影响，恢复时间还要更长一些。只有当肝糖原和肌糖原恢复到原有水平时，才能进行下一次训练，这就是健美爱好者和 30 岁以下的健美运动员应隔日进行体育锻炼的原因。

研究表明，若过量摄取碳水化合物，则只有一小部分能直接转化成糖原，大部分通过间接途径处于合成过程中。此外，碳水化合物的摄入会引起胰岛素的分泌，胰岛素越多，糖原合成也越多。但是，碳水化合物刺激胰岛素的分泌是有限度的，只有按每千克体重摄入 0.7～1.4 g 碳水化合物时的作用最明显。

为了揭开训练后摄入碳水化合物与胰岛素变化关系的谜底，美国科学家强德勒进行了一项实验研究。他把健美运动员分成四组：第一组运动员在训练后只喝水；第二组运动员在训练后食用碳水化合物食品；第三组运动员在训练后食用蛋白质食品；第四组运动员在训练后吃 1∶3 的蛋白质和碳水化合物的混合食品。结果，只喝水和只吃蛋白质食品的运动员的胰岛素分泌量最少，食用碳水化合物食品的运动员的胰岛素分泌量相当高，食用蛋白质和碳水化合物混合食品的运动员的胰岛素分泌量次之。碳水化合物被利用的速度也很快，一些参加实验的运动员 2 h 后即出现低血糖症状。此时，为满足肌肉合成代谢的需要，机体甚至动用起了血液中的葡萄糖。

强德勒发现了刺激肌肉生长的最有效的方法，并把它定为健美运动员饮食营养的原则：训练后必须立即摄取易于吸收的碳水化合物（每千克体重摄入 0.7～1.4 g）和蛋白质（不少于 30～50 g）；2 h 后，再次进食同样的蛋白质和碳水化合物的混合物，否则会出现低血糖症状；如果不出现这些症状，机体会在找不到充足糖原的情况下，停止碳水化合物的交换，开始“吃”肌肉；接下来，应每隔 2 h，即训练后的 4 h 和 6 h 再吃同样的混合食物。

最终结果显示：激素（包括胰岛素、生长激素和睾酮等）的分泌急剧向促进合成代谢的方面倾斜，高峰状态能持续到训练后 6 h。由于促进合成代谢的激素水平很高，因此促进分解代谢的激素的作用就变得微不足道了，于是肌肉体积增大，体重增加。

通过体重（kg）/身高^2（m）可计算身体质量指数，世界卫生组织的标准应小于 25，我国有学者认为应小于 23，但尚无统一的标准；通过腰围/臀围，可得腰臀比，正常应小于 0.9（男）或 0.8（女）。

第二节 大学生体育锻炼与卫生保健

一、体育锻炼的卫生常识

生命在于运动，运动在于合理与科学，只有掌握体育锻炼的相关生理卫生知识，科学地进行体育锻炼，才能起到健身强体和防病治病的作用。

（一）注意做好准备活动与整理活动

体育锻炼的过程是人体从静态到动态再到静态的变化过程，而准备活动和整理活动就是实现这种“变化”的过渡手段。

1.体育锻炼的准备活动

准备活动是指体育锻炼前所进行的一系列身体练习，其目的是打破安静时的身体生理平衡状态，调动内脏各器官系统迅速地从安静状态过渡到运动状态。

准备活动的作用在于提高中枢神经系统的兴奋性，扩大肌肉、韧带和关节的活动范围，克服内脏器官的惰性，加强心血管和呼吸器官的活动能力，使机体各方面的功能达到适应锻炼的要求，预防或减少因体育锻炼超生理负荷而出现的运动损伤。

准备活动包括一般性准备活动和专门性准备活动两种。首先，应做一般性准备活动，如走、跑和徒手操活动等；其次，做专门性准备活动，即针对将要从事的锻炼项目的特点，进行一些专门性练习，如在短跑前可做小步跑、高抬腿和后蹬跑，在排球比赛前可做传球和垫球等练习。

准备活动量的大小和时间长短，应根据锻炼项目、内容和强度，以及季节与气候的不同而有所调整，一般达到身体发热或微微出汗，自我感觉灵活、舒适即可。

2.体育锻炼的整理活动

整理活动是指在体育锻炼后所采用的一系列放松练习和按摩等恢复手段，其目的是消除疲劳，恢复体能，提高锻炼效果。它可使人体较好地从紧张的运动状态逐渐过渡到相对安静的状态，使身体得到新的平衡。

运动对身体生理平衡的破坏，会引起一系列生理变化，这种变化不会随着运动的停止而消失，它需要有一个恢复的过程。如果剧烈运动后突然停止、坐下或蹲下，不仅会加重疲劳，更会有晕倒的危险。因此，在运动后，要认真地做好整理活动。

整理活动应着重于全身性的放松，尽量采用轻松、活泼和柔和的练习，活动量逐渐减少，节奏逐渐减慢，以促使呼吸频率和心率下降，一般持续 15～20 min。例如，长跑到达终点后再慢跑一段，或边走边做深呼吸运动和放松徒手操。在整理活动之后，还要注意身体保暖，以防身体着凉引起感冒。

（二）运动饮水卫生与饮食卫生

机体在运动中易失去大量的水和能量，导致身体的内环境失去平衡，造成全身无力、精神不振和疲劳，若不及时补充水分，会直接损害身体健康。

1.运动饮水卫生

运动中的饮水应以少量、多次为原则，同时应饮用接近于血浆渗透压的生理盐水或含少量蔗糖、果汁的饮料，以维持机体在运动时失去的生理平衡。在剧烈运动时和运动后，均不宜一次性大量饮水。如果在运动中饮水过量，会使胃部膨胀，妨碍膈肌的活动，从而影响呼吸；还会使血液量增多，增加心脏、肾脏的负担，有损健康。

2.运动饮食卫生

因剧烈运动的需要而必须补充能量时，应采用易吸收的流质或半流质食物，以食量小、热量高为原则，以基本维持机体在失去生理平衡后所需的能量。

在运动中或运动前不宜大量进食。由于剧烈运动的颠簸作用，食物的重力会牵拉肠系膜，引起腹痛。同时，因运动的需要，大量血液流进骨骼肌，使胃肠的血液减少，消化机能减弱，长此以往，轻则引起消化不良，重则导致胃炎、胃溃疡等消化道慢性疾病。因而在运动中大量进食和饭后立刻运动，都是不符合卫生要求的，会直接影响身体健康。一般来讲，体育锻炼应在饭前 0.5～1 h 结束、饭后 1.5 h 后开始。

需要注意的是，由于人在运动后易产生饥饿感，因此在用餐时不要狼吞虎咽，更不能暴饮暴食。另外，在比赛前或疲劳时，也不宜吃太油腻的食物。

（三）运动衣着卫生与环境卫生

1.运动衣着卫生

运动服装和鞋子要符合运动项目要求，必须有利于健康和身体自由活动。运动服装要质地柔软，透气性和吸水性能良好；运动鞋应大小适宜，具有一定的弹性及良好的透气性能，鞋跟的高低必须适宜。另外，穿着的袜子应当透气性良好，吸汗性强，而且干净、柔软、有弹性。经常从事体育锻炼的人，要勤洗换运动衣裤。

2.运动环境卫生

运动环境是指人们进行体育运动时所处环境的外界条件，如空气、运动场地和运动设施等。运动环境是人类赖以生存的自然环境的一个局部，因而它也受自然环境的影响。

体育锻炼应在空气新鲜的环境中进行。新鲜空气中含有大量的负离子，它能调节大脑皮层的功能，促进腺体分泌增加，改善呼吸功能，振奋精神，消除疲劳，有效地提高锻炼效果。有研究表明，越是绿色植物茂密的地方，空气中负离子的含量越高。因此，体育锻炼应尽量选择在室外，最好是在绿化较好、环境幽雅的地方进行，如在室内锻炼，要开窗通风，并禁止吸烟。

进行体育锻炼时，还应注意运动场地和运动设施是否满足一定的卫生要求，如场地是否平整、光线是否充足、有无噪声等。只有综合考虑上述各种因素，才能为体育锻炼选择一个良好的运动环境，从而提高锻炼效果，益于身体健康。

（四）体育锻炼的自我监督

自我监督又称自我检查，是锻炼者在体育锻炼过程中，对自己健康状况和生理功能变化做连续观察并定期记录的行为。自我监督的目的在于评价锻炼结果，调整锻炼计划，防止过度疲劳和运动损伤，以利于提高健康水平。经常进行自我监督，对于增强信心、坚持科学锻炼、防止运动过量或不足、提高锻炼效果和养成良好的运动卫生习惯等，都有重要意义。

体育锻炼自我监督的内容主要包括主观感觉和客观检查两个方面：

主观感觉包括身体感觉、运动情绪、睡眠、食欲、排汗量和排尿等内容。人的主观感觉是人体功能状况的直接反映。健康并能科学地进行体育锻炼的人，总是精力充沛、心情愉快、睡眠正常、食欲良好，反之，则应调整自己体育锻炼的内容、运动量和运动方法。

客观检查包括生理指标、运动成绩和其他伤病情况。其中，生理指标主要包括脉搏、血压、体重和肺活量等，运动成绩包括身体素质和专项运动成绩等。

体育锻炼自我监督的具体方法是，将体育锻炼后出现的各种生理反应测定的有关数据记录下来，然后对各项记录进行综合分析和判断，检查锻炼的内容、方法和运动负荷是否科学合理。如果发现异常，应及时查找和分析原因，及时调整练习内容和运动负荷，在必要时，应暂停锻炼或找医生做进一步检查。

每个人在体育运动过程中和锻炼后出现的各种生理反应与自我感觉都是不同的。因此，应根据自己表现出的不同状况，在综合分析的基础上作出正确判断，以便更科学地进行体育锻炼。

二、体育锻炼中常见的生理反应及其处理方法

运动使人体生理活动过程的有序性受到了暂时的破坏，从而常常出现某种生理反应，这种反应称之为运动生理反应。正确认识和处理运动中的生理反应，

可以克服个体参加体育运动的盲目性和随意性。常见的运动生理反应及处理方法如下：

（一）过度疲劳

1.过度疲劳的原因

个体片面追求运动成绩和锻炼效果，违反运动的安全性和循序渐进的原则，持续进行大负荷的体育锻炼，会造成过度疲劳；伤病后身体未完全康复就投入常规锻炼，缺乏全面的身体素质和心理训练也会造成过度疲劳。

2.过度疲劳的征象

过度疲劳的征象一般表现为食欲减退、睡眠障碍、精神不振，有时也会表现为头痛、头晕、记忆力减退及心情烦躁不安，客观检查虽无明显异常，但会影响到平时的学习和生活。

3.过度疲劳的处理

对于过度疲劳的处理，应贯彻早发现、早处理的原则，及时调整锻炼计划，减少运动强度和时间，避免大难度动作，注意休息，增加睡眠时间，改善营养，辅以洗温水浴，进行恢复性按摩和体育医疗等。

4.过度疲劳的预防

预防过度疲劳，应遵循科学的锻炼原则，增强身体素质，因人而异地制订合适的锻炼计划；加强自我监督，注意观察锻炼中的不良征兆；伤病要及时治疗，待身体恢复后再逐渐增加运动量。

（二）极点与第二次呼吸

1.极点

人在剧烈运动，特别是在中长跑时，能量消耗大，下肢回流血量减少，氧债（由于人在剧烈运动时必须补充氧气才能满足正常所需，因此此时氧气是亏的，故称其为氧债，它是评定一个人无氧耐力的重要指标）不断积累并达到一定程度，就会出现呼吸急促、胸闷难忍、下肢沉重、动作不协调，甚至恶心的现象，这在运动生理学上称为“极点”。

2.第二次呼吸

当极点出现后，可以适当地减慢运动速度并加深呼吸，坚持下去，上述生理反应将逐渐缓解，直到消失。随后，个体的身体机能会得到改善，氧气的供应增加，运动能力得到提高，动作变得协调、有力。这种现象标志着极点已经有所克服，生理过程出现新的平衡，运动生理学上称之为“第二次呼吸”。第二次呼吸出现以后，人体的循环机能将稳定在较高的水平上。

3.处理和预防

极点与第二次呼吸是长跑运动中常见的生理现象，不用疑虑和恐惧，只要经常坚持锻炼和处理得当，极点现象是可以延缓和减轻的。

克服极点现象的方法有三个：一是准备活动要充分，使植物性神经提前兴奋；二是当极点出现后要放慢跑速和减小运动强度，并加深呼吸；三是要注意平时的锻炼，提高呼吸和血液循环系统的功能。

（三）运动引起的肌肉酸痛

运动引起的肌肉酸痛可分为急性肌肉酸痛与慢性肌肉酸痛（迟发性的肌肉酸痛）两种。急性肌肉酸痛有别于肌肉拉伤，它是因肌肉暂时性的缺血而造成的酸痛现象。只有肌肉做激烈活动或长期的活动时，才会发生，肌肉活动一结束即消失。通常，急性肌肉酸痛会伴有肌肉僵硬现象。慢性肌肉酸痛往往发生在运动结束后1～2天，在一次运动量较大的锻炼后，或是间隔较长时间再次开始锻炼之后往往会出现。

1.肌肉酸痛的原因与征象

肌肉酸痛是运动时肌肉运动量大，引起局部肌纤维及结缔组织的细微损伤，以及部分肌纤维的痉挛所致。由于这种肌纤维细微损伤及痉挛是局部的，故而就整块肌肉而言仍能完成运动，但是肌肉会有酸痛感。酸痛过后，经过肌肉内部对细微损伤的修复，肌肉组织变得较以前更强壮，以后承受同样负荷时不易再发生损伤。

肌肉酸痛主要表现为局部肌肉的酸痛和全身乏力。

2.肌肉酸痛的处理方法

（1）热敷。热敷有助于损伤组织的修复及痉挛的缓解。

（2）伸展练习。伸展练习有助于缓解痉挛。对肌肉进行局部的静力牵张练习，保持伸展状态 2 min，然后休息 1 min，重复进行。但要注意在做练习时不可用力过猛，以免造成肌纤维损伤。

（3）按摩。按摩有使肌肉放松、促进血液循环的作用，有助于损伤修复及痉挛缓解。

（4）口服维生素 C。维生素 C 有促进结缔组织中胶原合成的作用，有助于受伤组织的修复，从而减轻或缓解酸痛。

（5）针灸、电疗。针灸、电疗等手段对缓解酸痛也有一定的作用。

3.肌肉酸痛的预防对策

（1）根据不同的体质、身体状况，科学地安排锻炼负荷，负荷不要过大，也不宜增加过猛。

（2）在锻炼时，应尽量避免长时间锻炼身体的某一部分，以免局部肌肉负荷过重。

（3）在准备活动中，应注意做好即将进行较重负荷运动的肌肉的准备活动，这对损伤有预防作用。

（4）在整理活动中，除了进行一般性的放松练习外，还应重视进行肌肉的伸展、牵拉练习，这有助于预防局部肌纤维痉挛，从而避免酸痛的发生。

（四）运动引起的肌肉痉挛

肌肉痉挛俗称抽筋，是指肌肉发生不自主的强直收缩，变得僵硬。在运动中，最容易发生痉挛的肌肉是小腿腓肠肌。

（1）肌肉痉挛的原因：在剧烈运动中，肌肉快速进行连续性收缩，导致肌肉收缩与放松的协调交替关系被破坏，特别是当局部肌肉处于疲劳时，更易发生肌肉痉挛。肌肉受到寒冷的刺激，或情绪过于紧张，也可引起肌肉痉挛。

（2）肌肉痉挛的征象：当肌肉痉挛时，局部肌肉产生剧烈性收缩，并变得坚硬和隆起，疼痛难忍，且一时不易缓解。

（3）肌肉痉挛的处理：发生肌肉痉挛后，立即对痉挛部位的肌肉进行牵引，如腓肠肌痉挛，应伸直膝关节，并做足部的背伸动作；若踇长屈肌、趾短屈肌痉挛，则用力做足趾的背伸动作。但牵引时，切忌施力过猛，最好有同伴协助。此外，可配合局部按摩和点穴（承山穴、涌泉穴和委中穴等），以促进痉挛症状的缓解和消失。

（4）肌肉痉挛的预防：在运动前，要做好准备活动，对容易发生痉挛的部位，应当事先进行适当的按摩；在夏季进行长时间的运动时，要注意补充盐分，在冬季锻炼时，要注意保暖；在下水游泳前，应先用冷水淋浴，且游泳时不要在水中停留时间过长；当疲劳和饥饿时，不要进行剧烈运动。

（五）运动性腹痛

运动性腹痛是指直接由运动引起的腹部疼痛。腹痛是运动中常见的症状，多见于中长跑、竞走、马拉松、自行车和篮球等运动项目。

运动性腹痛的原因：一是饭后过早地参加运动，胃部受食物充盈引起牵扯痛和胀痛，或在运动前饮水过多及腹部受凉，引起胃肠痉挛导致疼痛。二是准备活动不充分，血流量不能及时回心，造成肝脾瘀血肿胀，牵扯其被膜引起疼痛。三是运动时呼吸紊乱，膈肌运动异常，引起肝脾被膜张力性疼痛。

运动性腹痛的征象：运动性腹痛部位不固定，一般食后运动疼痛常发生在上腹部或中部；胃痉挛的疼痛部位在上腹部；肠痉挛、肠结核引起疼痛的部位在腹腔中部；肝脾被膜张力性疼痛常发生在左右两侧上腹部。

运动性腹痛的处理：一般可采用减速慢跑、加深呼吸、按摩疼痛部位或弯腰跑一段距离等方法处理，疼痛常可减轻或消失。若疼痛没有减轻或消失，甚至加重，应立即停止运动，并口服十滴水药液或揉按内关穴、足三里穴和大肠俞穴等。如仍不见效，应及时请医生诊治。

运动性腹痛的预防：合理安排运动时间，饭后至少 1 h 后才可进行锻炼；在运动前，要做好充分的准备活动；在运动时，要循序渐进，并注意呼吸节奏；对于各种慢性疾病引起的腹痛，应就医检查，在病愈之前，应在医生和体育教师的指导下进行锻炼。

（六）运动性贫血

我国成年健康男性每升血液中血红蛋白的含量为 125～160 g，女性为 110～150 g。若低于这一生理数值，则被视为贫血。因运动引起的血红蛋白量减少，称为运动性贫血。

运动性贫血的原因：由于运动时机体对蛋白质与铁的需求量增加，一旦需求得不到满足，即可引起运动性贫血。

运动时，脾脏释放的溶血卵磷脂会使红细胞的脆性增加，加上剧烈运动时血流加快，易引起红细胞破裂，从而导致运动性贫血。

少数学生由于偏食或爱吃零食影响正常营养的摄入，或长期慢性腹泻影响营养吸收，在运动时也常出现贫血现象。

运动性贫血的征象：运动性贫血发病缓慢，平时表现有头晕、恶心、气喘、体力下降，运动后出现心悸、心率加快和脸色苍白等症状。

运动性贫血的处理：如运动中（后）出现头晕、无力、恶心等现象，应适当减少运动量，必要时暂停运动。补充富含蛋白质和铁的食物，口服硫酸亚铁片剂和维生素 C，可对缺铁性贫血的治疗有明显的效果。

运动性贫血的预防：在锻炼时，应遵循循序渐进和个别对待的原则，并逐渐改变偏食习惯。如运动时经常出现头晕现象，应及时诊断医治，以便正常参加体育锻炼。

（七）运动性昏厥

在运动中，由于脑部突然供血不足而发生的一时性知觉丧失现象，称为运动性昏厥。

运动性昏厥的原因：剧烈运动或长时间运动，使大量血液积聚在下肢，回心血流量减少，导致脑部供血不足而出现昏厥状态。在跑步后，如立即停止不动，也可能出现“重力性休克”现象。

运动性昏厥的征象：全身无力，眼前一时发黑，面色苍白，手足发凉，失去知觉而昏倒。生理检测脉搏慢而弱、呼吸缓慢和血压降低等。

运动性昏厥的处理：立即将昏厥者平卧，使其足略高于头部，并进行向心方向按摩，同时指压人中、合谷等穴位。如昏厥者出现呕吐现象，应将其头偏向一侧，以利于呼吸道畅通。如其呼吸停止，应立即进行人工呼吸。对于轻度征象者，可由同伴搀扶慢走，并进行深呼吸。对于重度征象者，经临场处理后，将其送至医院治疗。

运动性昏厥的预防：在平时，应加强体育锻炼，以增强体质；在久蹲后，不要突然起立；在急跑后，不要立即停下来；不要带病或在饥饿的情况下进行剧烈运动。

（八）运动性低血糖症

低血糖症是指血糖浓度低于正常值时出现的一系列临床症状。在中长跑和马拉松比赛与训练时，由于时间过长、强度持久，运动员体内的血糖会大量消耗和减少，因而有时会患上低血糖症，这种低血糖症称为运动性低血糖症。它一般发生在运动过程中或比赛结束后。

运动性低血糖症的原因：在长时间的剧烈运动后，血液中的葡萄糖大量消耗、大脑皮层的葡萄糖代谢机能紊乱，以及胰岛素的增加，会引起运动性低血糖症。除长时间的剧烈运动外，运动前饥饿、情绪过于紧张或患有其他疾病都可能成为本病的诱因。

运动性低血糖症的征象：轻者感到无力、饥饿、极度疲乏、头晕心慌、面色苍白、出冷汗、烦躁不安；重者出现神志模糊、语言不清、精神错乱等现象，甚至惊厥和昏迷。检查时，可发现其脉搏快而弱、呼吸短促、瞳孔扩大，血糖降至 0.5 g/L 以下。

运动性低血糖症的处理：一旦发生运动性低血糖症，可饮用糖水或吃甜食。如果症状严重，可静脉注射葡萄糖溶液，以提高血糖浓度。

运动性低血糖症的预防：在锻炼前应进食，不空腹锻炼，体弱和缺乏锻炼者不宜参加长时间、长距离和大运动量的锻炼。当自觉饥饿明显或出现低血糖症状时，应停止锻炼或降低运动量，并及时补充糖水或含糖食物。

（九）运动性中暑

运动性中暑是近年来提出的运动性疾病之一。它是指肌肉运动时产生的热超过身体能散发的热而导致的运动员体内的过热状态，常见于年轻的马拉松运动员、铁人三项运动员和群众性体育锻炼者。

运动性中暑的原因：在高温环境中，特别是在温度高、通风不良、头部又缺乏保护被烈日直接照射的情况下进行体育锻炼，体温调节功能会发生障碍，易发生中暑。

运动性中暑的征象：轻度中暑者可出现面部潮红、头晕、头痛、胸闷、皮肤灼热、体温升高等症状；中暑严重时，可出现恶心、呕吐、脉搏快而细弱、精神失常、虚脱抽搐、血压下降，甚至昏迷等症状。

运动性中暑的处理：迅速将中暑者移至通风、阴凉处，解开其衣领，冷敷其额部，用温水抹身，并给予含盐清凉饮料或十滴水药液，数小时后即可恢复正常。对于中暑严重者，经临时处理后，应迅速将其转送至医院治疗。

运动性中暑的预防：在高温炎热季节锻炼时，应适当减小运动量，缩短运动时间，避免在烈日下长时间锻炼；夏天在室外锻炼时，宜穿浅色衣服，戴遮阳帽；在室内锻炼时，应有良好的通风，并注意饮用低糖、含盐饮料。

三、体育锻炼中的运动损伤

在体育运动中所发生的损伤，统称为运动损伤。了解运动损伤的分类、发生原因及其防治，有利于改善运动条件，使体育锻炼更好地起到促进身心健康的作用。

（一）运动损伤的分类

运动损伤的分类方法较多，常用的有以下几种：

按损伤组织的种类，可分为肌肉肌腱损伤、滑囊损伤、关节囊和韧带损伤、骨折、关节脱位、内脏损伤、脑震荡和神经损伤等。

按有无创口与外界相通，可分为开放性损伤和闭合性损伤。伤部皮肤或黏膜破裂，创口与外界相通，有组织液渗出或血液自创口流出，称为开放性损伤，如擦伤和刺伤等。伤部皮肤或黏膜完整，无创口与外界相通，损伤后的出血积聚在组织内，称为闭合性损伤，如肌肉拉伤和关节韧带损伤等。

按发病的缓急，可分为急性损伤和慢性损伤。瞬间遭受直接或间接暴力而造成的损伤，称为急性损伤，其发病急，症状骤起，病程短。因局部长期负担过度，由反复微细损伤积累而成的损伤，称慢性损伤，其发病缓慢，症状渐起，病程较长。此外，对急性损伤处理不当或过早运动，有可能转变为慢性损伤。

（二）运动损伤发生的原因

造成运动损伤的原因是多方面的，它既与锻炼者的运动基础、体质水平有关，又与运动项目的特点、技术难度及运动环境等外部因素有关。其主要原因有以下方面：

一是思想麻痹大意。这是所有运动损伤因素中最主要的因素。其中，包括对预防损伤的意义认识不足、运动前不检查器械、预防措施不得力、争强好胜等。

二是准备活动不充分。在运动前不做准备活动或准备活动不充分，特别是缺乏针对性的准备活动，会使运动器官和内脏器官功能没有达到运动状态而造成损伤。

三是缺乏运动经验与自我保护能力。部分学生在运动时常出现犹豫、恐惧及过分紧张的情绪，造成损伤事故；更多学生是由于缺乏运动经验和自我保护能力而导致受伤。例如，摔倒时用肘部或直臂撑地，造成尺骨、桡骨或肘关节损伤。

四是技术动作上的缺点和错误。技术动作违反人体生理结构的特点和各器官系统功能活动的规律，或违反了运动时的力学原理，也易引起运动损伤，如大学生在传排球时，由于手形不正确而引起的手指扭挫伤。

五是纪律松懈或组织不严密。纪律松懈，特别是在场地狭窄、人员拥挤的地方任意冲撞，会造成伤害事故，有时也会因组织方法不当致伤。

六是运动环境不好。运动场地高低不平、器械安装不坚固或年久失修又缺乏保护措施、运动时的服装和鞋袜不符合体育卫生要求、空气污浊、噪声过大、光线暗淡、气温过高或过低等，都能成为造成运动损伤的原因。

七是身体状况不佳。人在睡眠不足、休息不好、患病、带伤和在伤病初愈阶段，以及疲劳和营养状况不良时，其生理功能和运动能力相对下降，在这种情况下参加剧烈的运动，常常会因肌肉的力量较弱、反应较迟钝和身体协调能力较差等，导致损伤的发生。

（三）运动损伤的预防对策

一是加强运动安全教育。克服麻痹思想，提高预防损伤的意识。

二是认真做好准备活动。对可能发生运动损伤的关节和易伤部位，要及时做好预防措施。

三是合理安排运动量。在做练习时，应防止局部运动器官负担过重。

四是加强保护与帮助。在加强同伴间的相互保护与帮助的同时，特别要加强和提高自我保护能力。例如，在摔倒时，立即屈肘、低头、团身滚动；由高处跳下时，用前脚掌着地，同时屈膝缓冲等。

五是加强医务监督，提高自我保护意识。

（四）常见运动损伤的处理方法

1.出血

出血是运动损伤中较为常见的一种，可分为外出血和内出血两类。其中，外出血分为动脉出血、静脉出血和毛细血管出血三种，可根据出血的颜色和出血的情形作出判断。动脉出血呈喷射状，血色鲜红；静脉出血相对于动脉出血较慢，表现为血涌出或者渗出，血色暗红；毛细血管出血为缓慢渗出。

一般成人的血液总量为 4 000～5 000 ml，若急性大出血达到全身总血量的 20%，即可出现面色苍白、头晕乏力、口渴等急性贫血的症状；若出血量超过全身总血量的 30%，将危及生命。因此，对于外出血的伤员，尤其是大动脉出血，必须立即止血；对于疑似内脏或颅内出血的伤员，应尽快送至医院处理。

止血的方法一般有以下三种：

一是冷敷法：常用于急性闭合性软组织损伤，最简便的方法是用冷水冲洗或用冷毛巾敷于伤处。

二是抬高伤肢法：用于四肢出血的伤者，应抬高其伤肢，使伤处血压降低，血流量减少，以达到减少出血的目的。

三是压迫法：这包括指压法、绷带加压包扎法和止血带法。

指压法是指用手指指腹压在出血动脉近心端相应的骨面上，以阻断血液的流动，来达到止血的效果。这种止血方法常用于动脉出血，操作简便，止血迅速，是一种临时性止血的好方法。

现将身体不同部位出血的动脉管压迫方法介绍如下：

额部、颞部出血：一只手扶住伤员的头并将其固定，用另一只手的拇指在伤员耳屏前上方一指宽处摸到颞浅动脉搏动后，将该动脉压迫在颞骨上，可止同侧额部、颞部出血。

眼以下面部出血：在下颌角前 1.5 cm 处摸到颌外动脉搏动后，用拇指将该动脉压迫在下颌骨上，可止同侧面部出血。

肩部和上臂部出血：在锁骨上窝内 1/3 处摸到锁骨下动脉搏动后，用拇指把该血管压迫在第一肋骨上，可止同侧肩、腋部及上臂部出血。

前臂部和手部出血：将伤臂稍外展、外旋，在肱二头肌内缘中点处摸到肱动脉搏动后，用拇指或用食指、中指、无名指将该动脉压迫在肱骨上，可止同侧前臂部和手部出血。

大腿部和小腿部出血：使伤员仰卧，将患腿稍外展、外旋，在腹股沟中点稍下方摸到股动脉搏动后，用双手拇指重叠（或掌根）把该动脉压迫在耻骨上，可止同侧下肢出血。

足部出血：在踝关节背侧，于胫骨远端摸到胫前动脉搏动后，把该动脉压迫在胫骨上；在内踝后方，将胫后动脉压迫在胫骨上，可止足部出血。

绷带加压包扎法：用数层无菌敷料覆盖伤口，再用绷带加压包扎，以压住出血的血管而达到止血的效果，同时抬高伤肢。适用于小动脉、小静脉和毛细血管的止血。

止血带法：是指用胶管或用绳子（宽布条、三角巾和毛巾均可）绑扎在伤口的近心端。对于较大的肢体动脉出血，为方便运送伤员，应用止血带。若上肢出血，止血带应结扎在上臂的上 1/3 处，禁止扎在中段，避免损伤桡神经；若下肢出血，止血带应扎在大腿的中部。

需要注意的是，在用止血带之前，先要将伤者的伤肢抬高，尽量使静脉血回流，并用软织敷料垫好局部，然后再扎止血带，以止血带远端肢体动脉刚刚摸不到为度。扎上止血带后，每隔 30～60 min 必须放松一次，放松 3～5 min 后再扎上，以防止伤肢因长时间缺氧而出现组织坏死情况。在放松止血带时，可暂用指压法止血。

2.软组织损伤

软组织是指人体的皮肤、皮下组织、肌肉、肌腱、韧带、关节囊、滑膜囊、神经和血管等。这些组织在受到外力作用时，发生机能或结构的异常，称为软组织损伤。软组织损伤分为开放性损伤和闭合性损伤两类，前者有擦伤和撕裂伤等，后者有挫伤和肌肉拉伤等。

（1）擦伤

擦伤是运动中最常发生的一种损伤，多发生于对抗性项目活动及摔倒等意外情况。

①主要症状：皮肤被擦破出血或有组织液渗出，有一定的创口。

②处理方法：对于小面积轻度擦伤且伤口干净者，只需涂抹一些红药水即

可；对于大面积重度擦伤，先用生理盐水清洗伤口后涂抹红药水，再覆盖消毒布，最后用纱布包扎。

（2）撕裂伤

在剧烈运动或受到突然强烈撞击时，会造成肌肉撕裂，常见的有眉际撕裂等。

①主要症状：伤口周围多为不整齐的状态，常常伴有周围软组织损伤。

②处理方法：对于轻度撕裂伤，用红药水涂抹即可；当裂口较大时，则需止血和缝合伤口，必要时，应注射破伤风抗毒血清，以防感染。

（3）挫伤

挫伤又称“撞伤”，是由于皮肤受钝器打击或直接与硬物碰撞而引起的损伤。它分为单纯性挫伤和混合性挫伤。前者是指皮肤和皮下组织的挫伤，后者是指在皮肤和皮下组织挫伤的同时，还合并其他组织器官的损伤（如腹部挫伤可能会伴有内脏器官的破裂）。挫伤多发生在大腿、小腿、腹部及头部等部位。

①主要症状：单纯性挫伤表现为局部疼痛、肿胀、瘀血、压痛和运动功能障碍。当内脏器官损伤时，则出现头昏、脸色苍白、心慌气短、出虚汗、四肢发凉、烦躁不安等症状，甚至休克。

②处理方法：对于单纯性挫伤，应在 24 h 内冷敷或加压包扎，抬高患肢或外敷中药；在 24 h 后，可进行热敷、按摩和理疗；进入恢复期，可进行一些功能性锻炼。对于混合性挫伤并出现休克的伤员，经急救处理后，应尽快送至医院检查和治疗。

（4）肌肉拉伤

肌肉主动强烈的收缩或被动过度的拉长所造成的肌肉微细损伤、肌肉部分撕裂或完全断裂，称为肌肉拉伤。这是最常见的运动损伤之一，在引体向上和仰卧起坐练习时容易发生。

①主要症状：肌肉拉伤后，伤处疼痛、肿胀、压痛，肌肉紧张或痉挛，触之发硬。当肌肉严重拉伤时，患者可感到肌肉断裂或听到断裂声，疼痛和肿胀明显，皮下瘀血显著，运动功能出现严重障碍，肌肉出现收缩畸形。当肌纤维

部分断裂时，伤处可摸到凹陷；当肌腹中间完全断裂时，会出现“双驼峰”畸形；当一端完全断裂时，肌肉会收缩成“球状”畸形。

②处理方法：轻者可即刻冷敷，局部加压包扎，抬高患肢。24 h 后可实施按摩或理疗。肌肉部分或完全断裂时，加压包扎后，应立即送医院做手术缝合。

3.关节韧带损伤

关节韧带损伤是指关节受外力异常扭转而造成的韧带损伤及关节附近其他软组织结构的损伤。在体育运动中，腰部关节、肩关节、髌骨和踝关节的损伤最为常见。例如，在跳水时，因两腿后摆过大，造成腰部关节扭伤；在投掷、排球扣球和大力发球时，常出现肩关节扭伤；在跳高、跳远时，由于踏跳不合理或摔倒受到撞击，会导致髌骨损伤；由高处跳下时，失去平衡，会导致踝关节过度内翻或外翻，致使踝关节扭伤。

（1）主要症状：一般表现为压痛、疼痛，急性期有肿胀和皮下瘀血，关节功能发生障碍等。

（2）处理方法：对于一般性扭伤，在 24 h 内可采用冷敷的方法，在必要时加压包扎，在 24 h 后可采用理疗、按摩和针灸治疗。待疼痛减轻后，可增加功能性练习。对于急性腰部损伤，如果出现剧烈疼痛，则不可轻易扶动，应让伤者平卧，并用担架送至医院诊治。处理后，应让伤者卧在硬板床上（或在其腰下面垫一个枕头），使肌肉韧带处于放松状态。

4.关节脱位

关节脱位是指在体育运动中因受外力作用，关节失去正常的连接关系，又称脱臼。关节脱位可分完全性脱位和半脱位（又称错位）两种，以肩、肘关节脱位较为常见。严重的关节脱位，伴有关节囊损伤。

（1）主要症状：常出现畸形，即刻发生剧烈疼痛和明显压痛，关节周围显著肿胀，关节功能丧失，有时发生肌肉痉挛，严重时出现休克。

（2）处理办法：用夹板或三角巾固定伤肢，并尽快护送至医院治疗。如没有整复技术和经验，切不可随意做复位动作，以免加重伤情。

5.骨折

骨折是指骨的完整性和连续性在外力的作用下遭到破坏的一种损伤。常见的骨折有肱骨骨折、尺骨或桡骨骨折、手指骨折、小腿骨折和肋骨骨折等。

在运动中身体某部位受到直接或间接的暴力打击时，可造成骨折。例如，在摔倒时，手臂直接撑地，可引起尺骨或桡骨骨折等。

（1）主要症状：患处出现肿胀，疼痛难忍，肢体失去正常功能，肌肉产生痉挛，骨折部位可见到畸形。严重骨折伴有出血、神经损伤和发烧，乃至出现休克等。

（2）处理办法：一旦出现骨折后，暂勿随意移动患肢，应先用夹板或其他代用品固定伤肢。如出现休克，应先施行人工呼吸。若伴有伤口出血，应同时施行止血，并及时护送至医院治疗。

6.脑震荡

脑震荡是指头部受到外力打击后，脑神经细胞和神经纤维普遍受到震荡后所引起的意识与功能的一般性障碍。脑震荡的常见原因是摔倒时头部着地，头部受到外力打击等。

（1）主要症状：伤后即刻发生意识丧失、呼吸表浅、脉搏缓慢、肌肉松弛，瞳孔稍放大但左右对称；清醒后，常伴有头晕、头痛、恶心或呕吐、失眠、耳鸣和记忆力减退等。

（2）处理方法：立即让伤者平卧，不可坐起或立起，头部冷敷，注意保暖。对于昏迷者，可用手指掐、点伤者的人中、内关等穴位或让其嗅闻氨水。对于呼吸障碍者，可施行人工呼吸，并立即送医院诊治。在恢复期，要保持环境安静，伤者卧床休息，直至头痛、头晕症状消失，切忌过早地参加体育运动和脑力劳动。

7.溺水

溺水是指被水淹的人由于呼吸道遇水刺激而发生痉挛、收缩梗阻，造成窒息和缺氧。如果时间稍长，则会因缺氧而危及生命。

（1）主要症状：窒息后，溺水者脸色苍白、眼睛充血、口鼻充满泡沫、四肢冰冷、神志昏迷、胃腹满水鼓起，直至呼吸、心跳停止。

（2）处理方法：将溺水者救上岸后，应立即清除其口腔内的异物，并进行倒水；及时进行人工呼吸；待溺水者清醒后，立即将其送至医院进一步治疗。在运送途中，密切观察溺水者的情况，必要时继续进行人工呼吸。

人工呼吸法有多种，其中以口对口人工呼吸法和心脏胸外挤压法最为有效。必要时，可将口对口呼吸法和心脏胸外挤压法同时进行，急救者之间应密切配合，两种急救方法以 1∶4 的频率进行。

口对口人工呼吸法：松开溺水者衣领、裤带和胸腹部衣服，将溺水者仰卧，头部后仰，一手捏住鼻孔，一手托起下颌，并压住环状软骨来压迫食道，以防空气进入胃内。然后，急救者深吸一口气，缓缓吹入溺水者口中，吹气后将捏鼻子的手松开。如此反复并有节律地（每分钟吹 16～20 次）进行，至溺水者恢复自主呼吸为止。

心脏胸外挤压法：将溺水者仰卧在木板或平地上，急救者两手上下重叠，用掌根置于溺水者胸骨下段，肘关节伸直，借助于自身体重和肩臂部力量，适度用力下压（不能用力太猛，以防骨折），将胸骨下压 3～4 cm 为度，随即松手（手不离开胸骨），使胸骨复原。如此反复有节律地（每分钟 60～80 次）进行，至溺水者心跳恢复为止。

第六章 大学生体育锻炼的运动处方

大学生要想通过体育锻炼促进体质健康，不仅需要科学的方法和手段，而且需要一定的运动处方。运动处方的制定和实施，能够为大学生进行体育锻炼起到指导作用。本章主要对运动处方的基本知识进行阐述，并在此基础上分别对大学生心肺功能增强、综合身体素质提高、体重控制等方面的运动处方进行分析。

第一节 运动处方概述

一、运动处方的概念

运动处方是由康复医师、康复治疗师或者体育教师、社会体育指导员、私人健身教练等，根据患者或者体育健身者的年龄、性别、一般医学检查、康复医学检查、运动试验、身体素质或体适能测试等结果，按其年龄、性别、健康状况、身体素质，以及心血管、运动器官的功能状况，结合主客观条件，用处方的形式，制定对患者或者体育健身者适合的运动内容、运动强度、运动时间及频率，并指出运动中的注意事项，以达到科学地、有计划地进行康复治疗或预防健身的目的。

运动处方制定的合理性会对运动效果的实现产生一定的影响，同时对运动者的身体健康也是一个基本保障。运动处方的重要意义和作用主要体现在以下三个方面：

一是按照良好运动处方进行体育锻炼，能够使体育锻炼者的身体状态得到有效改善，使体育锻炼者的身体素质得到有效提高。除此之外，还能有效预防肥胖症、高血脂、冠心病等。

二是体育锻炼者以运动处方的内容为依据来进行身体锻炼，能使其综合运动能力得到提升，为掌握各种运动技能打下良好的基础。

三体育锻炼者以事先制定好的运动处方为依据进行体育锻炼，能使运动损伤得到有效弥补，并且可以提高身体锻炼的安全性。

二、运动处方的分类

以不同的标准为依据，可以将运动处方分为不同的种类。较为常见的分类方法主要有以下几种：

（一）以锻炼的器官系统为依据进行分类

按照这一标准，可以将运动处方分为以下几种类型：

1.运动系统的运动处方

运动系统的运动处方可以对体育锻炼者运动系统功能的提高起到积极作用，此外，还能使关节炎、颈椎病等疾病得到有效预防。

2.呼吸系统的运动处方

呼吸系统的运动处方能够对体育锻炼者呼吸系统功能的不断提高与改善起到促进作用，从而有效预防一些呼吸性疾病（气管炎、哮喘等）的发生。

3.心血管系统的运动处方

心血管系统的运动处方能够对体育锻炼者心血管系统功能的提高起到促

进作用，此外，对高血压、冠心病等疾病的防治也是非常有利的。

4.消化系统的运动处方

消化系统的运动处方对于体育锻炼者消化功能的提高与改善是较为有利的，还能使消化不良的症状得到有效改善。

5.神经系统的运动处方

神经系统的运动处方能够对体育锻炼者神经系统功能的提高与改善起到促进作用，进而使一些神经系统疾病得到有效治疗。

（二）以构成体质的要素为依据进行分类

按照这一标准，可以将运动处方分为以下几种类型：

1.对心理状态进行调节的运动处方

从实践中可以得知，人的心理与生理之间有着非常密切的联系，具体来说，人的心理健康程度影响着生理健康状况。因此，保持良好的心理健康状态就显得十分重要。

2.促进身体机能提高的运动处方

人身体的各个器官、各个系统及人的整体等方面呈现出来的生命活动现象，就是所谓的身体机能。以不同身体机能的需求为依据而制定的运动处方，可以促进人体各器官功能的增强与系统功能的充分发挥。

3.促进身体形态改善的运动处方

人的身体形态会随着多种因素的变化而发生一定的改变。常用的身体形态指标包括身高、体重、三围、坐高等。针对人的身体形态制定相应的运动处方，对于指导锻炼者改善自身的身体形态是较为有利的。

4.促进适应能力不断增强的运动处方

人们生存的空间和环境经常会发生一定的变化。环境的变化或多或少会给人带来一些不适感，不适感持续时间的长短因个体适应能力的不同而有所差异。针对体育锻炼者适应能力而制定的运动处方，能够对人们适应能力的不断提高起到促进作用，使人们在环境发生变化后及时调整状态，尽快适应新环境，从而较好地保护自己。

5.促进身体素质发展的运动处方

力量、耐力、速度、灵敏、柔韧性等都属于身体素质范畴。人体需要不断适应新的环境，而适应新环境就需要人体具备一定的身体能力，身体能力的要素就是各项身体素质。针对身体素质所制定的运动处方，能够对体育锻炼者身体素质的全面发展起到促进作用。

（三）以实施运动处方的环境为依据进行分类

按照这一标准，可以将运动处方分为以下几种类型：

1.学校锻炼运动处方

学校锻炼运动处方是指以学校环境与运动设施条件为基础而制定的运动处方，参与这一处方的个体主要为在校学生。在具体实施过程中，还要做到对男女学生有所区分。

2.家庭锻炼运动处方

家庭锻炼运动处方，顾名思义，就是针对家庭锻炼而制定的运动处方。家庭锻炼运动处方的制定，要以家庭条件，家庭成员的性别、年龄、身心特征等为主要依据而进行。

3.健身俱乐部锻炼运动处方

在健身俱乐部依据运动处方所进行的练习，主要包括器械练习、舞蹈练习和拓展训练等内容。

三、运动处方的要素

在通常情况下，运动处方是由运动方式、运动强度、运动时间和运动频率四个方面的要素构成的，具体如下：

（一）运动方式

具体来说，运动处方包含的运动形式主要包括以下三大类，具体可以根据自身的特点及喜好来合理选择运动的方式：

1.有氧耐力运动项目

较为常见的有健身走、健身跑、游泳、骑自行车、滑冰、滑雪、划船、跳绳和越野等运动。

2.伸展运动及健身操

较为典型的有广播体操、气功、武术、舞蹈、各类医疗体操和矫正体操等。

3.力量性锻炼

较有代表性的有自由负重练习、负重健美操等运动。

（二）运动强度

在单位时间内所完成的运动量，就是所谓的运动强度。需要强调的是，在安排运动量时，一定要保证其合理性，否则就可能会对机体造成一定的伤害，导致无法继续进行锻炼。

除此之外，在制定运动处方时，要遵循因人而异、循序渐进的基本原则，要以心率、自感用力度、最大吸氧量贮存百分比为主要依据，来选择运动负荷强度。选择的运动强度要适宜，过高或者过低都不可取，主要是因为强度过高容易发生运动损伤，强度过低则起不到应有的锻炼效果。

（三）运动时间

在通常情况下，在运动锻炼中，总运动量 = 运动强度 × 运动时间。在总运动量确定的情况下，运动强度与运动时间是成反比的。具体来说，运动强度较大则运动时间较短，运动强度较小则运动时间较长。需要注意的是，在增加运动量时，要先延长运动时间，然后再提高运动强度。

（四）运动频率

对于不经常参加体育锻炼或者体能素质较差的人们来说，一周进行 3 次体育锻炼，往往就能使机体运动的需要得到较好的满足，也能使自己的有氧适能得到有效增强。

从相关的研究中发现，体适能与运动频率之间有着非常密切的联系，一定要以自身的特点及实际为依据适当地增加运动频率，因为只有这样，才能使身体素质得到有效提升。需要注意的是，在运动后，需要一定时间来消除机体疲劳以恢复运动能力，可以采用隔天进行锻炼的运动频率。

四、运动处方的特点及功能

（一）运动处方的特点

1.有着较强的目的性

一般来说，运动处方体现的近期目标与远期目标都较为明确。例如，以健康促进为目标的运动处方，其设计和实施的目标通常为强身、健心、益智、怡情与健美。

2.有着较强的计划性

运动处方是以运动者的实际情况为依据而定的，因此其不仅具有针对性，其计划性特点也较为显著。运动者要以事先制定好的运动处方为依据进行运动锻炼，能使运动锻炼的兴趣得到提升，并逐渐养成终身运动的习惯。

3.有着较强的针对性

运动处方是针对运动者个人的健康状况、体适能水平、兴趣爱好、职业特点与环境条件等实际情况设计与制定的，这就将其针对性与个性化特征充分体现了出来，其适应性与健康促进作用也可以得到较好的体现。

4.有着较强的科学性

在制定运动处方时，要严格按照运动医学、临床医学与运动科学的知识与原理进行，这就赋予运动处方一定的科学性、可操作性与实效性。科学的运动处方能帮助运动者在较短的时间内取得提高体适能、防治疾病、增进健康的效果，从而实现预期的目标。

5.安全有效

运动者以运动处方为主要依据进行锻炼，花费时间较少，收到的成效却非常显著。需要强调的是，在掌握运动健康知识与方法后，运动者可以及时对运动负荷量和运动效果进行自我监控与评价，从而有效避免运动伤害事故发生。

（二）运动处方的功能

1.使人体免疫力增强

合理适宜的运动负荷能够有效刺激机体的中枢神经、呼吸、心血管、内分泌等系统，从而使这些系统产生形态和功能上的适应性变化，由此也进一步提高了锻炼者的免疫能力。

2.有助于心肺功能的增强

一般来说，大多数的运动处方往往会采取中等强度的有氧运动。有氧运动对心肺功能的锻炼非常有效，它不仅能够使安静时的心率降低，而且能使心脏的收缩力量增强、每搏输出量增加、心血管功能增强。除此之外，运动处方的合理运用，还能使肺部组织的弹性增强、肺活量提高、机体的摄氧量增加，进而使呼吸系统的功能得到全面改善。

3.对现代文明病有显著的治疗作用

当前，现代文明病已经较为普遍，且对人类健康造成了重要威胁。比较常见的生理方面的疾病有颈椎病、肩周炎、肥胖症、冠心病、高血压、高血脂等，心理方面的疾病有抑郁症、焦虑症等，这些疾病都会对人类的健康产生威胁，制定符合自身实际情况的运动处方，能使人们的需求得到较好满足。

五、运动处方的制定

运动处方的制定并不是随意而为的，需要按照一定的步骤进行。具体来说，主要包括以下三个方面：

（一）健康调查与评价

进行健康调查，主要是为了对锻炼者的基本健康状况和运动情况有所了解，基本内容主要有以下几个方面：

1.询问病史及健康状况

询问的内容主要有既往病史、现有疾病、家族史、身高、体重、目前的健康状况、疾病的诊断和治疗情况。

2.了解运动史

需要了解的运动史包括锻炼者的运动经历、运动爱好和特长、在以往运动中是否发生过运动损伤等。

3.了解运动目的

需要了解的运动目的包括了解锻炼者的目的和动机、对通过运动来改善健康状况的期望等。

4.了解社会环境条件

需要了解的社会环境条件包括锻炼者的生活条件、工作环境、基本的经济状况、可利用的运动设施和条件、有无健身和康复指导等。

（二）运动试验

对心脏功能的评定和运动处方的制定，要以运动试验为主要方法和依据。在选择运动试验方法时，要以检查的目的和被检查者的具体情况为依据而定。运动试验的应用范围主要有以下几个方面：

一是为制定健身处方提供依据，使健身处方实施过程中的安全性得到有效提高。

二是对体力活动能力的评定。

三是对心脏功能状况的评定。

四是对冠心病的早期诊断，对冠心病的严重程度及心瓣膜功能的评定。

五是检测由运动诱发的心律失常，其在运动试验中的检出率是安静时的16倍。

六是作为康复治疗效果的评定指标。

当前，逐级递增运动负荷是运动试验中常采用的一种方法。测定时，采用的器材主要有跑台和功率自行车。

（三）体质测试

运动项目、运动强度、运动密度的选择，以及科学有效的运动处方的制定，都需要以体质测试的结果为依据来进行。一般来说，体质测试包括的内容主要有运动系统测试、心血管系统测试、呼吸系统测试和有氧耐力测试等。

1.运动系统测试

运动系统的测试主要是肌肉力量的测试。肌肉力量的测试方法主要有两种：一种是最早应用的肌肉力量的测试方法，即手法肌力试验；还有一种是以肌肉力量的大小与肌肉生理的横断面有关这个生理常识为依据，来测试肌肉力量的围度测试。

2.心血管系统测试

心血管系统的测试包含的内容主要有静态检查和动态检查。心率、血压、心电图等是其主要指标。通过心血管系统的测试，能够将人体的心脏功能反映出来。

3.呼吸系统测试

呼吸系统的测试包含的内容主要有肺活量测定、通气功能检查、呼出气体分析、屏气试验、日常生活能力评定等。呼吸系统能够在一定程度上反映出人体的运动能力，尤其是一些激烈的有氧运动项目，对呼吸系统功能的要求有着严格的要求。

4.有氧耐力测试

有氧耐力测试的方式主要有三种，即走、跑、游泳。目前，较多采用的是固定运动时间的耐力跑和固定运动距离的耐力跑。

第二节 大学生体育锻炼运动处方

一、大学生体育锻炼前的准备活动

（一）准备活动的目的

准备活动的目的是从心理上集中大学生的注意力，调节大脑皮层，以达到最适宜运动的兴奋状态；在生理上使氧合血红蛋白分解，增加肌肉的供养，使肌红蛋白释放氧气量增加，使肌肉黏滞度降低、机械效率提高，加快神经冲动传递，增加神经受体的灵敏性，增加肌肉血流量，减少肌肉、肌腱、韧带及其他结缔组织的损伤，改善心血管对剧烈运动的适应性。因为任何物体从静止状态开始活动，都需要克服其本身的惰性，人体从静止状态进入工作状态，也需要克服其本身的惰性，而这个过程比其他物体更复杂。为了较快地克服这种生理上的惰性，大学生在体育锻炼前要做好准备活动，逐渐提高神经系统和内脏器官的机能，使其在正式运动一开始，就能发挥出最好的效率。

准备活动的生理机制是通过预先进行的肌肉活动在神经中枢的相应部位留下痕迹，这种痕迹效应使正式练习时中枢神经系统的兴奋性提高，调节功能得到改善，内脏器官的惰性得到克服，生化反应加快进行，因此对之后进行的动作练习有良好的影响。

（二）准备活动的内容

准备活动的内容应根据体育锻炼的内容、大学生的年龄、性别等条件来安排。准备活动的内容和形式多种多样，对场地和器材的要求也有很大弹性。准备活动的动作、路线、方法等内容都有很大的可变性。例如，根据大学生的具体情况和不同要求，活动内容可做出相应的改变，可以是正常的跑、跳、走，也可以是变向跑、跳、走等；可以是严格规范化的，也可以是一般要求的；活动路线可以是直线的，也可以是曲线的。

从原则上讲，既要有一般性准备活动，以提高中枢神经系统的兴奋性，使全身各个主要器官都得到充分活动，特别是要注意薄弱肌群的活动，又要有专门性的准备活动，以加强各器官与神经间的协调。

准备活动的内容很多，为了使大学生在体育锻炼前正确地进行准备活动，大致将其归纳为以下三大类：

1.常规性准备活动

常规性准备活动是从大学生全面发展身体素质出发，根据健身性质和大学生的特点组织安排的准备活动。它的内容既有可以逐步提高人体工作能力的走、跑练习，又有可以使大学生保持正确体姿的练习等。具体到走、跑的练习次数和时间，基本体操的节数，应根据健身的性质、大学生的特点，以及气候、环境的不同来确定。冬季常规性准备时间长一些，而夏季则短一些。

常规性准备活动的作用是集中大学生的注意力、活跃气氛、激发情绪。通过练习，可以把大学生迅速组织起来，把思想注意力集中到锻炼身体上来，排除一切与体育锻炼活动无关的杂念，使体育锻炼的气氛逐渐热烈起来，使大学生的情绪充分调动起来，渴望运动，准备运动，精神饱满地进入到下面的练习。

2.一般性准备活动

一般性准备活动要求全身都要活动，要把身体的各个部位都照顾到，目的是使运动系统和内脏器官充分活动起来，以促进身体发展。一般性准备活动的方式通常有徒手操，包括定位的、行进间的、单人的、双人或多人的、配乐的、持轻器械的体操和游戏等，要求动作规范、节奏感强，使体育锻炼具备良好的体姿，为进入体育锻炼的基本部分做好生理上的准备。

3.专门性准备活动

区别于一般性准备活动，专门性准备活动针对性更强，并与体育课程的基本部分所学技术动作相似，它的要求是在一般性准备活动的基础上，做一些持器械或徒手的模仿练习，进行完整技术动作的练习、辅助练习、诱导练习，规定内容的教学比赛等，为准确掌握所学的技术动作创造条件。

专门性准备活动的时间不要太长，但活动的质量要高。在开始时，活动量要循序渐进，不要一开始就突然增加运动强度，这样会使身体出现一系列不适反应。

二、大学生体育锻炼中的安全事项

（一）自我医务监督

自我医务监督是指运动锻炼参加者采用最简单、最直接的方法，对自己的身体健康状况和身体反应进行观察，以便更好、更科学地安排运动锻炼，防止意外的发生，提高运动效果。它是运动者个人评定运动负荷量大小、预防运动伤害、及早发现过度疲劳的有效措施，承受适宜的运动负荷是取得良好健身运动效果的前提，所以参加体育锻炼必须善于掌握运动负荷。因为如果运动负荷太小，锻炼效果就不是很理想；如果运动负荷过大而又无节奏，则不但影响锻炼效果，甚至可能会对机体产生损伤而不利于健康。

自我监督分为自我主观感觉和客观评价方法。自我主观感觉有身体疲劳感觉、睡眠、食欲、运动情绪、排汗量等；客观评价方法有自测脉搏、运动成绩变化、体能测验，以及对其他身体形态和生理功能的测量等。女生还应注意月经期间的情况。

1.主观感觉

主观感觉，一般包括运动前、运动中及运动后的感觉。如果运动负荷合理，人在工作、学习和劳动时会感到精力旺盛、体力充沛，运动之后虽有一定的疲劳感，但不影响正常的食欲和睡眠等，有时肌肉也会有轻度疼痛，四肢有一定的沉重感，但这些现象经过一夜的休息即可消失，而且身体的机能状况越好，疼痛和疲劳感则消失得越快。

2.客观检查

在主观感觉的基础上，测定脉搏（一般测晨脉）、体重（固定时间每周测一次）和运动成绩的变化情况，如果条件允许，可测定握力、肺活量、血压等指标。女生还要对月经情况做一些记录，以便为综合评定提供参考。

（二）运动损伤及其预防

事物的存在和发展必然有其两面性，运动锻炼也是这样。运动可以增进健康、防治疾病、延年益寿，但运动也常伴有运动性损伤、运动性疾病，甚至运动猝死的发生。因此，从某种意义上讲，运动是一把双刃剑，这就需要掌握科学运动的知识，了解运动损伤的原因，掌握基本的运动损伤处置方法。

1.运动损伤的原因

在运动锻炼的过程中，无论是直接的身体损伤，还是间接的身体损伤，统称为运动损伤。造成运动损伤的原因是非常复杂的，它既与运动者的运动基础、体质水平有关，又与运动项目的特点、技术难度及运动环境等因素有关。运动损伤大致有以下几个方面的原因：

（1）思想麻痹大意

思想麻痹大意是造成运动损伤最主要的因素，包括运动前不检查器械、预防措施不得力，特别是一些大学生缺乏运动经验、好胜好奇，盲目或冒失地进行运动而造成运动损伤，也有的大学生急于求成而致使身体某一部位损伤。

（2）准备活动不当

准备活动不当包括运动前的准备活动不充分，特别是缺乏针对性准备活动或准备活动量过小，机体尚未达到适宜运动的状态；或是准备活动量过大、时间过长，使得机体已经处于疲劳状态再去运动等。

（3）技术上的缺点和错误

技术上的缺点和错误，如传接排球时，不正确的手型引起的手指扭伤。

（4）运动量过大或过于激烈

当运动时间过长、运动内容过多，特别是身体局部重复练习次数多，超过了生理负荷承受能力时，最易发生运动性损伤。

（5）身体功能状态和心理状态不佳

身体功能低下，固然容易发生运动损伤，但心理状态不佳，同样会造成伤害事故的发生，甚至是更严重的运动损伤。例如，一个人在精神上受某种刺激或者受到慢性病的困扰，又缺乏自我保护能力，此时参加运动最易致伤。

（6）教学组织不当

当大学生人数过多、过于拥挤，又缺乏科学和严密的组织，以及运动场地、设施布局不合理等，都可能发生运动损伤。

2.运动损伤的预防

参加体育锻炼的目的是增强体能、促进身心健康，而运动损伤的发生往往会使运动者的身心受到一定的损害，因此，防患于未然就显得特别重要。大学生应采取一些预防措施，使体育锻炼既健康安全又富有成效。预防运动损伤的方法是多方面的，一般应当做好以下几个方面的工作：

（1）克服麻痹思想

大学生要提高预防运动损伤的意识，遵循运动锻炼的原则，切不可随心所欲。同时，应加强身体的全面锻炼，提高机体对运动的适应能力。

（2）做好准备活动

准备活动不仅能使运动者的基础体温升高、肌肉深部的血液循环增加、肌肉的应激性提高和关节柔韧性增强，而且能减少锻炼前的紧张感和压力感。要根据个人的机体情况和运动特点，有针对性地做好准备活动，对可能发生运动损伤的环节和部位，及时做好预防措施。

（3）提高自我保护能力

在摔倒时，要顺势做好屈膝、弯腰、低头、含胸、团身滚动，切不可用直臂或肘部撑地。在平时，要加强跳跃、滚翻等动作练习，以提高身体的灵敏性和应变能力。

（4）合理的组织

在教学、训练、比赛中，要根据大学生的性别、健康状况和运动技术水平，做好严格的预防措施。

（5）重视科学运动

科学运动包括五个要素，即全面性、个别性、渐进性、量力性及医务监督。当自己的身体出现不良反应时，要分析原因，采取必要的保健措施。在必要时，要经过医生诊治后，确定能否参加锻炼和锻炼的运动量有多大。

（6）要创造安全、适宜的运动环境

对于运动器具、设备、场地等，都应进行严格的安全检查，如运动场地平坦，运动器材设备坚固、安全，个人衣着适宜等。

三、大学生体育锻炼后的放松整理活动

（一）放松整理活动的内容和方法

放松整理活动主要包括肌肉放松整理和心理放松整理两个方面。其具体内容要与体育锻炼的基本内容、刚结束的主题活动相衔接，所采用的方法必须根据体育活动的不同内容来确定。

1.肌肉放松整理的主要方法

（1）缓慢牵拉

缓慢牵拉包括前臂肌的屈伸牵拉、肘关节的牵拉、肩关节内收牵拉、肩关

节上举牵拉、腰背肌腹肌牵拉、大腿屈伸肌的牵拉等。使用何种牵拉方法，可根据参与活动的肌肉疲劳感来选择。

（2）积极性休息

在紧张比赛或大运动量训练后，可采用在轻松愉悦的氛围中走路、慢跑或听音乐的方式，使呼吸逐渐趋于平稳、心率减慢。

（3）体育游戏活动

组织一系列轻松的游戏活动，可以调节身心。在进行不同运动项目练习时，引起肌肉疲劳的部位各不相同，必须依据其练习项目的特点，设计各自的放松方法。

2.心理放松整理的主要方法

绝大多数进行体育锻炼的大学生都有这样的体会，即运动中出现的肌肉疲劳容易通过放松练习、休息而得到缓解和消除，但出现的心理疲劳、心理紧张、心理恐惧等，却很难在短时间内消除，这对运动成绩的提高影响特别大，尤其是对运动者心理承受能力要求较高的项目更是如此，所以心理放松整理应该引起足够的重视。

在通常情况下，心理放松整理的方法有慢跑调整、语言提示、自我调节等，更多的时候要依据练习项目的特点加以综合运用。例如，篮球的对抗性较强，对情绪的影响也比较大，大学生会在无意之中产生较强的心理疲劳。在放松整理活动时，一般采用有氧慢跑和语言提示相结合的放松方法，可以先进行 800～1 200 m 的慢跑，然后静躺在体操垫上，通过语言提示，进行意念放松。在语言提示放松的过程中，要求环境尽量安静，语言要轻缓，让大学生的意念随着提示由上而下地放松身体各个部位。在此必须强调的是，在放松整理活动中，一定要把肌肉放松与心理放松有机结合起来，特别是在进行较为激烈的、紧张的运动项目练习时，更需要坚持二者的有机统一。

（二）放松整理活动的建议

体育锻炼的放松整理活动必须遵循以下原则：

（1）针对性原则

放松整理活动的方法、手段要针对大学生的性别、身体素质等特征进行选择，多采用大学生感兴趣的游戏等方法。其强度应针对体育锻炼主要内容的练习强度而定，内容以专门性整理和伸展性练习为主，注意多劳部位多放松、全身活动全身放松。

（2）适量性原则

做整理活动时，动作应该缓和，尽量使肌肉放松，量不宜太大。特别要注意使参与活动的肌肉得到适度伸展和拉长，以解除肌肉痉挛。

（3）渐减性原则

整理活动的内容与准备活动的内容相似，但安排的顺序相反。整理活动的强度逐渐下降，活动量逐渐减少，节奏逐渐放慢，以使呼吸频率和心率下降。

大学生在做放松整理活动时，应注意以下四点：

（1）注意放松整理活动形式的多样性

放松活动形式太单调，会影响放松效果。既要掌握各种放松整理方法的特点和作用，又要根据具体对象、解决的主要问题，以及现实条件等因素，正确选择放松形式并灵活运用，还要不断总结放松整理的实践经验，创造新的、更有效的方法，以达到事半功倍的放松效果。

（2）注意放松整理活动的双向互动

体育锻炼后的放松整理活动有时需要由指导者和锻炼者共同完成，所以应加强两者之间的通力协作、密切配合。

（3）确保活动时间充足

如果放松整理活动时间太短，就达不到放松的理想效果，因此有必要把放松整理活动延续到体育锻炼结束之后，如养成合理的生活习惯、进行合理的营养搭配、使用物理疗法等。

（4）注意放松

尽量采用轻松、活泼、柔和的练习方式，做到全身性的放松。

第三节 增强大学生心肺功能的运动处方

一、运动处方的基本构成

在制定锻炼处方之前，要先对大学生的心肺功能状况和健康状况有所了解。锻炼处方中的每次锻炼都应包括准备活动、锻炼模式和整理活动三个主要组成部分。

运动处方一般由以下内容构成：

一是 1~3 min 的轻松的健身操（或类似的活动）练习。

二是 1～3 min 的步行，心率控制在高于平时 20～30 次/ min。

三是 2～4 min 的拉伸练习。

四是 1～5 min 的慢跑并逐渐加速。

二、运动方式

首先，步行、慢跑、骑自行车和游泳等都是较为常见的能够有效提高心肺功能的锻炼方式。换句话说，凡是有大肌群参与的慢节奏的运动，都可以作为锻炼的方式。但需要强调的是，在选择锻炼方式时，一定要选择自己喜欢的运动，这样比较容易坚持下去。

其次，要对锻炼方式的安全性和可行性进行充分的考虑。对于易受伤的人来说，最好选择冲击力小的锻炼方式（如骑自行车和游泳），而很少受伤的人可以任意选择锻炼方式。

最后，在选择锻炼方式时，最好采用综合性的锻炼方式，每次锻炼包含的练习内容也应有所不同。

三、运动频率

在通常情况下，一周进行 2 次锻炼就能够达到增强心肺功能的效果，锻炼 3～5 次则能够使心肺功能达到最大适应水平，但如果一周进行 5 次锻炼，对心肺功能的提高并不会起到更好的效果。这就要求大学生在进行以提高心肺功能为主的运动锻炼时，一定要注意运动频率的适宜性。

四、运动强度

在一般情况下，运动强度接近 50%的最大摄氧量，就能够起到增强心肺功能的效果。当前，运动强度范围为 50%～85%的最大摄氧量是较为推荐的。

五、持续时间

提高心肺功能最有效的锻炼时间为 40～60 min/次。除此之外，还需要注意的是，对于不同体质的大学生，其运动时间和强度也应有所差别。

六、整理活动

每次完整的锻炼都应该包括整理活动。一般来讲，整理活动都是正式锻炼完成后的 5 min 的小强度恢复性练习，较为常见的有步行、慢跑，以及一些柔韧性练习和拉伸练习等。通过整理活动，能够有效促进血液回流至心脏，从而有效避免因血液过多分布于上肢和下肢而造成头晕和瘀血的情况发生。除此之外，通过整理活动，还可以减轻剧烈运动后的肌肉酸痛情况、减少运动后的心律失常的发生。

第四节 提高大学生综合身体素质的运动处方

一、提高大学生力量素质的运动处方

大学生力量素质在身体的各个部位都有所体现，下面就对大学生不同身体部位的力量素质训练与提高的运动处方进行研究：

（一）颈部力量素质的训练与提高

能够有效训练和提高大学生颈部力量素质的方法主要有以下几种：

1.头手倒立

大学生在墙壁前缓慢屈臂成头手倒立，两手主要起维持平衡的作用，两脚轻轻靠放在墙壁上，以头支撑体重，坚持尽可能长的时间。

2.背桥练习

在进行背桥练习时，以脚和头着地支撑于地面，采用仰卧或俯卧姿势，腰腹部向上挺起，两手置于胸腹部，使身体反弓成“桥”，或腹部向下，以额头（或头顶）和脚趾支撑于地面，臀部上提成“桥”。

3.负重训练

大学生在进行颈部负重练习时，可用一根绳子将重物悬挂在头上，两脚自然开立，上体前倾，背部挺直，两手分别支撑于膝关节的上部。按照不同的方向，有节奏地活动颈部，使颈部前、后、左、右的肌群都能得到全面锻炼。

（二）肩部力量素质的训练与提高

能够有效训练和提高大学生肩部力量素质的方法主要有以下几种：

1.颈前推举

练习者采用直立姿势或坐姿，两手握杠铃同肩宽，握杠于锁骨处，手臂垂直向上伸直推起。

2.颈后推举

练习者两手握杠铃放置于颈后，双手距离约与肩同宽，做肩上垂直上举至手臂伸直。

3.头上推举

练习者两脚自然站立，约同肩宽。两手各握哑铃，屈肘将哑铃置于肩上，两手正握哑铃，握距同肩宽，提铃至胸，将哑铃快速推举至头上方，或将杠铃快速推举至头上方，慢慢返回原位。

4.直臂前平举

练习者自然站立（也可采用坐姿），上体挺直，两臂伸展正握杠铃，下垂于两大腿前。直臂前平举，快上慢下，返回原位，反复训练。

5.直臂侧平举

练习者自然站立（也可采用坐姿），上体挺直，两手各持哑铃垂于体侧，两臂伸直侧平举，快上慢下，还原成预备姿势，反复进行。

（三）臂部力量素质的训练与提高

能够有效发展和提高大学生臂部力量素质的方法主要有以下几种：

1.仰卧撑

练习者仰卧，两臂伸直，撑在约 50 cm 高的台上，屈臂，背部贴近高台，然后快速推起两臂伸直，连续做 10～15 次。

2.坐姿弯举

两腿自然分开，坐在凳子一端，一手握哑铃，另一手掌置于持哑铃手侧的膝关节上部，握哑铃的手臂充分伸展，将肘关节的上部置于膝关节处另一侧的手背上，上臂固定，慢速屈肘至胸前，然后再有控制地放下哑铃成预备姿势，反复训练。

3.坐姿腕屈伸

练习者坐于长凳上，双脚置于地面，双脚间距略宽于肩，上体前倾，把前臂放于大腿或长凳上，正握杠铃，腕关节被动屈曲，向后弯举腕关节，还原成开始姿势，反复练习。

4.站立屈臂举

练习者两脚自然站立，两手反握杠铃，两臂伸展杠铃位于体前。两手握距可宽可窄。固定两肘，慢速屈臂将杠铃上举至胸前，然后有控制地慢慢放下杠铃，还原成预备姿势，反复训练。

5.前臂旋内旋外负重训练

练习者双脚自然开立，浅半蹲，两臂屈肘前伸位于体前，两手持重物，前臂有节奏地进行旋内旋外运动。

6.仰卧臂屈伸

练习者仰卧于长凳上，双脚置于地面，双臂伸直，双手间距约为肩宽，正手抓杠，屈肘，以肩为圆心，手臂为半径沿半圆运动轨迹缓慢下降杠铃，并尽量远地向头后部延伸，还原成开始姿势。

7.坐姿颈后臂屈伸

练习者坐于长凳上，双脚置于地面，双脚间距略宽于肩，双手持哑铃置于颈后，小臂伸直上举，双臂伸直，将哑铃举至头的上方，以肘关节为支点，手臂下降杠铃片于脑后部，重复练习。

（四）胸部力量素质的训练与提高

一般地，可以通过以下几种方法来训练和发展大学生的胸部力量素质：

1.俯卧撑

练习者两手间距稍宽于肩，直臂双手俯卧撑地，两腿伸直，两脚并拢，脚趾撑地。两臂力量提高后，可使两脚位于高台上或在背部负重进行练习。

2.仰卧扩胸

练习者仰卧在垫子或矮凳上，两手持哑铃两臂伸直，与身体呈“十”字形。直臂慢速将哑铃举至胸的正上方，然后慢速还原成预备姿势，反复训练。

3.颈上卧推

练习者仰卧于卧推架上，可采用宽、中、窄三种握距，手持杠铃或哑铃，先屈臂将其放于颈根部，两肘尽量外展，将杠铃推起至两臂完全伸直，反复训练。

4.斜板卧推

练习者宽握杠铃仰卧于斜板上，脚高于头，朝着胸中部慢慢放下杠铃，肘关节外展与身体呈 90°，随后迅速用力向上举起杠铃，再以稳定节奏反复训练。

5.宽撑双杠

练习者脸朝下，收紧下颌，弓背，脚尖向前，眼视脚尖。两手宽握双杠，屈臂使身体下降，然后再伸臂把身体撑起。训练熟悉后，可在脚上系重物或穿沙背心负重训练。

（五）腹部力量素质的训练与提高

一般地，可以通过以下几种方法来发展和提高大学生的腹部力量素质：

1.半仰卧起坐

练习者平躺在地上或练习凳上，两手持杠铃片置于头后，两足固定。上体向前上方卷起，同时两膝逐渐弯曲。用力吸气，放松呼气，收缩时停两秒。也可将负重物放在胸前上部进行训练。

2.仰卧起坐

练习者仰卧在凳上或斜板上，两足固定，两手抱头，然后屈上体坐起，再还原，一次做 10～15 个，也可两手于颈后持杠铃片或其他重物负重训练。

3.仰卧举腿

练习者仰卧于垫子上，两脚并拢，两腿伸直，双手置于头后，或仰卧于斜板上，上体位于较高的一端，两手抓握板端，身体伸展。两腿伸直双脚并拢，慢速上举，腿与上体折叠，使脚尖举至头后，然后慢速还原成预备姿势。也可在踝关节处负重训练。

4.支撑举腿

练习者两手直臂撑在双杠上，下肢放松，身体伸展。两腿伸直双脚并拢，收腹举腿至水平位，与上体呈直角，然后再放下双腿，还原成预备姿势，反复练习。为了增强练习效果，可在脚腕做负重训练。

5.跪立收腹下拉

练习者双膝跪地，抬头，双臂伸直，双手握拉杆置于正头上方，身体保持正直。双臂伸直，收腹用力向前下拉至动作最大幅度，动作进行时呼气。还原成开始姿势，重复练习。

6.杠铃片侧屈

练习者双脚左右开立，双脚间距约为肩宽，右手置放于体侧，左手持杠铃片（或哑铃）。身体向右侧屈至动作最大幅度，缓慢还原成开始姿势，两侧交换重复练习。

7.负重转体

练习者肩负杠铃双脚开立，双脚间距约为肩宽，双手间距略宽于肩部，手握杠铃，身体保持正直。慢慢扭转躯干，从一侧转向对侧，两侧交换重复练习。

（六）腿部力量素质的训练与提高

大学生腿部力量素质的训练和提高，往往可以借助于以下几种方法来实现：

1.纵跳

练习者身穿沙背心，绑上沙护腿，成半蹲姿势。两脚蹬地起跳，两臂上摆，腿充分蹬伸，头向上顶，缓冲落地手继续做。连续练习 10～15 次。也可悬挂或标出高度目标，以两手触摸标志线或物体进行练习。

2.蛙跳

练习者身穿沙背心，绑上沙护腿（也可不负重），全蹲。两脚蹬地，腿蹬直向前上方跳起，腾空后挺胸收腹，快速屈腿前摆，以双脚掌落地后不停顿地连续做 6～10 次。

3.下蹲腿后提铃

练习者两脚自然开立下蹲，杠铃紧贴脚后跟处放置。两手正握杠铃，握距同肩宽，两臂和背部充分伸直。蹲起直臂提铃，成站立姿势，挺胸直背，杠铃处于臀部，然后还原成预备姿势，反复练习。

4.负重深（半）蹲跳

练习者双脚左右自然开立，肩负杠铃，双手正握杠铃扛于颈后，躯干挺直。屈膝半蹲，快速蹬伸，髋膝踝充分伸展，向垂直方向跳起，落地时保持半蹲（半蹲跳）或深蹲（深蹲跳），紧接着快速蹬伸跳起，反复练习。

5.下蹲起立

练习者双脚开立，双脚间距为肩宽，两臂伸直于体侧，两手分别持杠铃。吸气，轻度挺胸收腹，下蹲至大腿与地面平行位置，返回起始位置，动作完成时呼气。

6.坐姿腿屈伸

练习者坐于腿屈伸机上，两腿屈膝下垂，脚背勾住脚托滚轴，两手握扶把，腰背靠紧靠板。负重用力伸小腿至双腿伸直，保持 10～20 s，缓慢还原成开始姿势，重复练习。

7.坐姿杠铃提踵

练习者坐于长凳上，双脚置于地面，双脚间距略宽于肩，身体保持正直，双手握住杠铃放在膝盖上。脚趾用力上推，尽量使脚后跟抬起。还原成开始姿势，反复练习。

二、提高大学生速度素质的运动处方

大学生速度素质的提高，往往在反应速度、动作速度及位移速度这三个方面得到体现。

（一）反应速度的训练与提高

大学生训练和提高反应速度的方法主要有以下几种：

1.两人拍击

两人面向开立，当听到开始口令后，设法拍击对方背部，而又不被对方击中自己。在规定时间内（每次 1 min 左右），拍击对手多者为胜。

2.反应起跳

练习者围成一圈，面向圈内站立，圈内 1 人或 2 人，站在圆心附近，手持小树枝或小竹竿（竿长超过圈半径）。游戏开始，持竿者将竹竿绕过站立者的脚下划圆，竿经谁脚下谁即起跳，不让竿打到脚，被打到脚即失败，进入圈内做持竿者。

3.起动追拍

两人一组，前后相距 2～3 m 慢跑，听到信号开始后加速跑，后者追前者，追上并拍击对方背部就停止。也可在追赶时，教练发出第二个信号，让其后转身互换追赶。

4.压臂固定瑞士球

练习者躯干保持正直坐在长凳上，一侧臂水平外展用手压住球。同伴以60%～75%的力量向侧面各个方向拍球，练习者尽最大努力防止球运动。

（二）动作速度的训练与提高

一般情况下，大学生可以通过以下几种方法来发展和提高动作速度：

1.俯卧撑起击掌

练习者双手撑地，双脚掌撑地，身体成一线，向身体下方屈肘，而后快速撑起身体并击掌，恢复开始姿势重复练习。

2.仰卧快速推哑铃

把瑞士球放在地面上，练习者先坐在瑞士球上，向前迈步呈仰卧姿势，头枕在球上，上背部支撑体重，双脚放在地面上，连续快速上推哑铃。

3.双球支撑快速扩胸

把两个瑞士球左右相邻放在地面上，练习者俯卧，用双臂的前臂支撑身体。双脚在地面支撑，身体与地面约呈30°夹角。将两个球向外侧滚动，打开双臂至自己能够控制的动作幅度，然后收回双臂，将球滚回开始位置。

4.立定跳远

练习者面对沙坑或垫子，双脚与肩同宽、左右开立，双臂上举并充分伸展身体。下蹲后，双腿迅速蹬伸，向前上方跳起，前引双脚落地。

5.直膝跳深

采用8～10个20～30 cm高的跳箱，间距约50 cm依次横向排列。练习者直膝从跳箱上跳下，再直膝迅速跳上下一个跳箱，连续练习。

6.连续蛙跳

练习者双脚重复起跳和落地，起跳和腾空动作与立定跳远相同。

（三）位移速度的训练与提高

大学生位移速度的训练和提高，往往可以通过以下几种方法来实现：

1.跑步动作平衡

练习者采用跑步最高速度时的单腿支撑姿势，左脚用脚掌支撑，肘关节弯曲约 90°，左手在肩部高度，右手在髋部高度，右腿高抬，右脚脚踝靠近臀部。

2.跑步姿势交换腿高跳

练习者从慢跑开始，用跑的身体姿势进行高跳，起跳后用另一只脚落地。

3.后踢腿

练习者从慢跑开始，摆动腿脚跟拍击臀部，膝关节在弯曲过程中向前上摆动。

4.原地快速高抬腿

练习者以短跑动作前后摆臂进行原地快速高抬腿，肘关节弯曲约 90°。前摆手约摆至肩部高度，后摆手摆至臀部之后，大腿摆到与地面保持平行。

5.双腿过栏架跑

以约 1 m 为间距，摆放 8～10 个 30～40 cm 高的栏架。练习者在栏架上做高抬腿跑，在每个栏间距内双脚落地，采用同一条摆动腿攻栏。

三、提高大学生耐力素质的运动处方

大学生耐力素质的训练和提升，主要从有氧耐力、无氧耐力及混合耐力几个方面得到体现，具体如下：

（一）有氧耐力的训练与提高

1.定时跑

练习者在场地、公路或树林中做 10～20 min 或更长时间的定时跑。

2.定时定距跑

练习者在场地或公路上做定时跑完固定距离的练习，如要求在 14～20 min 跑 3 600～4 600 m。

3.重复跑

重复跑的训练应在跑道上进行，重复跑的距离、次数与强度也应根据专项任务和要求而定。发展有氧耐力的重复跑强度应不大，跑距应较长一些。一般情况下，重复跑的跑距有 600 m、800 m、1 000 m、1 200 m 等。

4.法特莱克跑

法特莱克跑是一种在场地、田野、公路上进行自由变速的越野跑或越野性游戏，最好在公园、树林中进行，约 30 min，也可进行更长时间。

5.大步走、交叉步走、竞走

在场地、公路或其他自然环境中，做大步快走、交叉步走、竞走或几种走交替进行，每组 1 000 m 左右，做 4～6 组。

6.越野跑

在公路、树林、草地、山坡等场地进行，距离要求一般在 4 000 m 以上，多者可达 10 000～20 000 m。

（二）无氧耐力的训练与提高

大学生无氧耐力的发展和提高，可以借助的方法主要有以下几种：

1.原地或行进间间歇车轮跑

原地或行进间做车轮跑，每组 50～70 次，做 6～8 组，组间歇 2～4 min，强度为 75%～80%。

2.间歇后蹬跑

行进间做后蹬跑，每组 30～40 次或 60～80 m，重复 6～8 次，间歇 2～3 min，强度为 80%。

3.高抬腿跑转加速跑

行进间高抬腿跑 20 m 左右，转加速跑 80 m，重复 5～8 次，间歇 2～4 min，强度为 80%～85%。

4.原地间歇高抬腿跑

原地做快速高抬腿练习，发展非乳酸性无氧耐力，每组做 5 s、10 s、30 s 快速高抬腿练习，做 6～8 组，间歇 2～3 min。强度为 90%～95%。发展乳酸性无氧耐力，做 1 min 练习，或 100～150 次为一组，做 6～8 组，每组间歇 2～4 min，强度为 80%。

5.间歇接力跑

在跑道上把四人分成两组，相距 200 m 站立，听口令起跑，每人跑 200 m 交接棒，每人重复 8～10 次。

6.间歇行进间跑

行进间跑距为 30 m、60 m、80 m、100 m 等。一般计时进行，每组 2～3 次，重复 3～4 组，每一次间歇 2 min，组间间歇 3～5 min，强度为 80%～90%。

7.反复超赶跑

在田径场跑道或公路上，10 人左右成纵队慢跑或中等速度跑，在听口令后，排尾加速跑至排头，每人重复循环 6～8 次，强度为 65%～75%。

（三）混合耐力的训练与提高

大学生要想发展和提高其混合耐力素质，可以借助于以下几种方法来实现：

1.反复跑

每组反复跑 150 m、250 m、500 m，进行 4～5 次，每组练习之间休息约 20 min。要求以预定的时间跑完全程，也可以采用专项的 3/4 距离进行练习。要求学生在训练时采用 80%以上的强度。

2.间歇快跑

以接近 100%强度跑完 100 m 后，接着慢跑 1 min，间歇练习。快慢方式对照组成一组，反复训练 10～30 组。

3.短距离重复跑

采用 300～600 m 距离，每次练习强度为 80%～90%，进行反复跑。

4.力竭重复跑

采用专项比赛距离或稍长距离，以 100%强度全力跑若干次，两次之间充分休息。短跑大学生运动员可采用 30 m 的距离练习，中距离跑大学生可采用 800 m 或 1 500 m 的距离练习。

5.俄式间歇跑

固定练习中间一般会设置休息时间，随着练习者训练水平的提高，可以逐渐缩短中间休息时间。在训练时，要求大学生在 400 m 练习中，用规定速度跑完 100 m 后，休息 20～30 s，如此循环反复训练。

当大学生的能力达到可以缩短练习中间的休息时间时，调整休息时间为 15～25 s。

6.持续接力

以 100～200 m 的距离进行全力跑，每组 4 人或 5 人轮流接力，也可以将所有学生分成若干组进行训练比赛。

四、提高大学生柔韧素质的运动处方

对于大学生来说，腰部、胸腹部及腿部的柔韧性是非常重要的，不同身体部位的柔韧素质的发展和提升，所需要的方法也有所不同，具体如下：

（一）腰部柔韧性的训练与提高

大学生腰部柔韧素质的训练和提高，可以通过以下几种方法来获得：

1.俯卧转腰

练习者俯卧在台子上，躯干上部伸出台子边缘之外保持悬空，颈后肩上扛一根木棍，双臂体侧展开固定木棍。呼气，尽量大幅度转动躯干，向不同方向进行，重复练习该动作。

2.仰卧团身

练习者在垫上仰卧，屈膝，双脚滑向臀部。双手扶在膝关节下部。呼气，双手向胸部和肩部牵拉双膝，并提起髋部离开垫子，重复练习。

3.站立体侧屈

练习者双脚左右开立，双手交叉举过头顶向上伸臂。呼气，一侧耳朵贴在肩上，体侧屈至最大限度，转向身体另一侧，重复练习。

4.倒立屈髋

练习者的身体由仰卧姿势开始呈垂直倒立，头后部、肩部和上臂支撑身体，双手扶腰。呼气，双腿并拢，直膝，缓慢降低双脚高度直至接触地面，重复练习。

（二）胸腹部柔韧性的训练与提高

大学生要想发展和提高其胸腹部柔韧素质，可以通过以下几种方法来实现：

1.俯卧背弓

练习者俯卧在垫上，屈膝，脚跟向髋部移动。吸气，双手抓住脚踝，臀部肌肉收缩，提起胸部和双膝，离开垫子。

2.跪立背弓

练习者在垫上跪立，脚尖向后。双手扶在臀上部，形成背弓，臀部肌肉收缩送髋。呼气，加大背弓，头后仰、张口，逐渐把双手滑向脚跟。

3.上体俯卧撑起

练习者呈俯卧姿势，双手掌心向下、手指向前放在髋两侧。呼气，用双臂撑起上体，头后仰，形成背弓。

4.开门拉胸

练习者在一扇打开的门框内，双脚前后开立，双臂肘关节外展到肩的高度，双臂前臂向上，掌心对墙。呼气，身体前倾，拉伸胸部。

5.跪拉胸

练习者跪在地面上，身体前倾，双臂前臂交叉高于头部放在台子上。呼气，下沉头部和胸部，一直到接触地面。

（三）腿部柔韧性的训练与提高

大学生腿部柔韧素质的发展和提高，可以借助的方法主要有以下几种：

1.坐压脚

练习者跪在地面上，脚趾向后，呼气，坐在双脚的脚跟上。

2.垫上仰卧拉引

练习者臀部坐在垫上跪立，后倒身体直至躺在垫上，脚跟在大腿两侧，脚尖向后。在身体后倒过程中呼气，直到背部平躺在垫上，重复练习。

3.坐立后仰腿折叠

练习者呈坐立姿势，一条腿屈膝折叠，大腿和膝内侧接触地面，脚尖向后。呼气，身体后仰，先由双臂的前臂和肘关节支撑上体，最后平躺于地面。

4.扶柱屈髋

练习者站在柱子前，双手扶住柱子，双脚左右开立并尽量内旋。呼气，屈髋并后移髋关节，双腿与躯干形成约 45° 夹角。

5.靠墙滑动踝内翻

练习者背靠墙站立，双手叉腰，双脚向前滑动，踝关节和脚掌内翻。呼气，髋关节前屈，重复练习。

6.坐拉引

练习者坐在地面上，双腿体前伸展，双手支撑在髋后部的地面上。一条腿屈膝，用一只手抓住脚跟内侧。呼气，屈膝腿伸展，直到与地面垂直。

7.仰卧拉伸

练习者呈仰卧姿势，直膝抬起一条腿，固定骨盆成水平姿势，同伴帮助其固定地面腿保持直膝，并且帮助其继续提腿。

五、提高大学生灵敏素质的运动处方

大学生发展和提高灵敏素质的运动处方，主要从反应能力、平衡能力及协调能力等方面得到体现。

（一）反应能力的训练与提高

能够有效发展和提高大学生反应能力的方法主要有以下几种：

（1）做与口令相反的动作。

（2）按有效口令做动作。

（3）原地、行进间或跑步中听口令做动作。例如，喊数抱团成组；加、减、乘、除简单运算得数抱团组合，看谁最快等。

（4）一对一追逐模仿。

（5）一对一抢对方后背号码。

（6）听信号或看手势急跑、急停、转身、变换方向训练。

（7）听信号的各种姿势起跑。如站立式、背向、蹲、坐、俯卧撑等姿势。

（8）跳绳。例如，两人摇绳，从绳下跑过转身，从绳上跳过等。

（9）一对一脚跳动猜拳、手猜拳、打手心手背、摸五官等训练。

（10）各种游戏，如叫号追人、追逃游戏、抢占空位、打野鸭、抢断篮球等。

（二）平衡能力的训练与提高

能够有效发展和提升大学生平衡能力的方法主要有以下几种：

（1）一对一面向站立，双手直臂相触，虚实结合相互推，使对方失去平衡。

（2）一对一弓箭步牵手面向站立，虚实结合互推互拉使对方失去平衡。

（3）各种站立平衡，如俯平衡、搬腿平衡、侧平衡等。

（4）头手倒立，如肩肘倒立、手倒立，并停留一定时间。

（5）在肋木上进行横跳、上下跳训练。

（6）急跑中听信号完成急停动作。

（7）在平衡木上做一些简单动作。

（三）协调能力的训练与提高

能够有效发展和提升大学生协调能力的方法主要有以下几种：

（1）一对一背向互挽臂蹲跳进、跳转。

（2）模仿动作训练。

（3）多种徒手操训练。

（4）双人头上拉手向同方向连续转。

（5）脚步移动训练。例如，前后、左右、交叉的快速移动，单脚为轴的前后、转体的移动，左右侧滑步、跨跳步的移动。

（6）跳起体前屈摸脚。

（7）双人跳绳。

（8）做不习惯方向的动作。

（9）改变动作的连接方式。

（10）选用健美操、体育舞蹈中的一些动作。

（11）简单动作组合训练。例如，原地跳转 360° 接跳远，前滚翻交叉转体接后滚翻，跪跳起接挺身跳等。

（12）双人一手扶对方肩，一手互握对方脚腕，各用单脚左右跳、前后跳、跳转。

第七章 不同大学生群体的体育锻炼指导

不同学生的体质健康状况不同，应根据其体质健康状况来进行有针对性的体育体育锻炼，这样才能够收到良好的锻炼效果。对于体质健康水平较好的学生，需要加强身体锻炼，增强其身体素质；对于患病群体和体态需要矫正的大学生，则需要通过体育锻炼来消除疾病，塑造健康的形体。

第一节 强身健体群体的体育锻炼指导

一、有氧健身与无氧健身作用的差别

（一）有氧健身的作用

有氧运动是指人体运动所需要的能量主要是由氧化反应供应的，人体在负荷强度不同时，有氧代谢及无氧代谢供能的比例不同。

人们在进行运动健身时，有氧健身是常用的健身方法，这一方法能够使人在供氧充足的条件下进行运动健身。有氧健身的运动时间相对较长、强度相对较低，其健身作用主要体现在以下几个方面：

（1）通过长期进行有氧运动健身，能够有效改善人体的心血管系统和呼吸系统机能，提高人体的最大摄氧能力。

（2）通过长期进行有氧运动锻炼，还能够促进脂肪代谢功能的改善，促进多余脂肪的消耗，不仅能够达到健身塑形的作用，而且能够预防动脉粥样硬化。一般在采用 60%～75%最大心率进行运动时，脂肪氧化速率较快，当持续时间达到 2 h 以上时，脂肪供能成为主要方式。

（3）长期进行有氧运动健身能够有效增强肌肉耐力，促进健身者体力的增强，从而在学习和生活中保持充沛的精力。另外，有氧健身还具有一定的健脑作用，促进大脑疲劳的缓解。

（4）长期进行有氧健身还具有良好的预防和治疗糖尿病的作用，研究表明，经常运动的人患糖尿病的风险比不运动的人小 20%。另外，在健身过程中，还能够促进胰岛素的敏感性的增加，在一定程度上改善内分泌系统的调节机能。

（5）预防和治疗高血压。有氧运动能使肌肉和血管的张力改善，使软弱无力的肌肉和血管变得坚韧，可以消除消极情绪，缓解紧张状态，同时减少脂肪沉积，延缓血管硬化，从而有效地降低血压。

（二）无氧健身的作用

1.延缓衰老

长期进行无氧运动健身能够延缓衰老，研究表明，坚持进行无氧健身，能够使得人的实际生理年龄年轻 6 岁左右。另外，人体在 25 岁之后，最大肌肉力量会逐渐减弱，经常进行力量锻炼，能够使得人体肌肉力量保持在良好的状态。

2.强健肌肉，塑造体形

进行无氧健身，尤其是进行肌肉力量练习，能够促使肌肉体积增大，从而使得人体结实有力，塑造健美的形体。

3.增强骨和关节的生理机能

无氧健身能够使得骨骼更加坚实，增加骨密度。通过进行无氧健身练习，能够有效预防骨质疏松。另外，无氧健身还能够促进关节生理机能的增强。

4.消耗更多热量，防止肥胖，改善脂肪代谢

无氧健身能够在短时间内消耗较多的能量，进行多组无氧健身练习，能够有效减肥。另外，通过无氧健身，能够促进血液中胆固醇水平的下降，有利于心血管系统的健康。

5.减少运动器官的损伤和疼痛

相比于有氧健身，无氧健身的时间相对较短，这能够在一定程度上减少运动造成的肌肉劳损。

6.改善身体对碳水化合物的代谢机能

无氧健身有利于心血管系统的健康，可以预防和帮助治疗糖尿病。力量练习可增加肌肉重量，使机体对胰岛素的敏感性加强，从而更有效地从血液里摄取所需的糖并加以利用，降低血糖，起到预防和治疗Ⅱ型糖尿病的作用。

7.增强无氧能力

通过进行无氧健身，能够增强人体的无氧能力，从而能够更好地应对无氧状态。其一，促进Ⅱ型肌纤维向糖酵解亚类型转化；其二，显著提高糖分解酶（磷酸果糖激酶、磷酸化酶、乳酸酶、脱氢酶）的能力；其三，增加血乳酸的最大浓度；其四，降低亚极量练习中的血乳酸浓度；其五，提高血液的缓冲能力。

二、强身健体群体的科学健身方法

在强身健体的过程中，为了达到更好的健身效果，应了解相应的运动健身规律，坚持相应的健身原则，增加运动健身的科学性。运动健身的原则是人们在长期的运动健身过程中对相应规律的总结，其基本原则有目的性原则、合理负荷性原则、渐进性原则、区别对待原则、系统性原则、全面性原则和长期性

原则等。在运动健身中，应坚持这些基本原则，科学地进行健身。运动健身群体的基本健身方法如下：

（一）颈部肌群的锻炼动作与方法

1.颈部肌群常见练习

男生颈部健壮能够彰显其雄健和阳刚之气，女生进行颈部锻炼能够促进颈部脂肪的消耗，增添女性魅力。在进行练习时，主要是对胸锁乳突肌、斜方肌、颈阔肌及夹肌、头长肌、颈长肌等颈部肌肉进行锻炼。主要练习动作有站姿颈屈伸、侧向颈屈伸、仰卧颈屈伸、俯卧颈屈伸、俯立颈屈伸等。

2.颈部肌群锻炼建议

在锻炼的初级阶段，一般只进行徒手颈绕环和左右转颈等练习，也可不安排专门的颈部练习；6 个月后，每次可选择 1 个或 2 个动作，每个动作练习 2～4 组，每组 10～12 次，在没有专门器械的情况下，可以徒手自抗力练习为主；6 个月至 1 年后，可加重量练习，如负重颈屈伸等，以使颈部肌群与全身肌群平衡发展。

（二）肩部肌群的锻炼动作与方法

1.肩部肌群常见练习

男生进行肩部锻炼，能够展现肩部的宽度和力度，使得体形呈“倒三角形”，增加体形的美感。女生进行肩部练习，能使得肩部圆滑，展现线条美。肩部练习应加强肩部肌群，尤其是三角肌的锻炼。主要练习动作有站姿提肘上拉、站姿侧平举、站姿前平举、躬身侧平举、俯立飞鸟、颈后推举、颈前推举、坐姿推举哑铃、平举下拉橡皮带、侧上拉橡皮带、站立耸肩和俯立耸肩等。

2.肩部肌群锻炼建议

在刚开始练习时，按不同的锻炼部位，每次锻炼可安排 1 个动作，每个动作可做 2～3 组；6 个月至 1 年，每次锻炼可选择 2 个动作为组合，每个动作做 2～4 组；1 年以后，应根据实际情况，选择 3 个动作为一个组合，每周练 2 次，每次每个组合练习 8～10 组。

一般的肩部锻炼方法，男女生大致相同，只是由于锻炼的要求和目的不同，对于器械练习的重量和运动量的选择不同。对想要减肥的女生而言，练习的器械重量要轻一些，次数可多一些，一般每组 14 次以上；对于为了发达肌肉的男生而言，其练习的器械重量应大一些，次数可少一些，一般每组 8～12 次。在健身锻炼中，还必须根据肩部的生理特点，把每个动作按不同部位（如肩部的前、中、后）合理地安排在锻炼之中，以使肩膀周围的肌群都能得到锻炼。

（三）臂部肌群的锻炼动作与方法

1.臂部肌群常见练习

健美臂部应重点锻炼肱三头肌、肱二头肌、肱肌。主要练习动作有站姿反握弯举、坐姿托肘固定弯举、俯身弯举、斜板单臂弯举、单臂坐弯举、斜卧弯举、反握引体向上、颈后臂屈伸、仰卧臂屈伸、俯立臂屈伸、站姿双臂胸前屈肘下压、仰卧撑、直臂后上拉举、腕屈伸、站姿双手卷棒和重锤握力器交替握等。

2.臂部肌群锻炼建议

臂部肌肉的练习重点集中在上臂，主要以肱二头肌和肱三头肌练习为主，因为在进行上臂练习的过程中，前臂也会得到一定的锻炼。对于前臂的屈肌和伸肌锻炼，只要适当安排 2～3 个动作，就足以与上臂肌肉协调发展。臂部锻炼时应充分注意下列两点：

（1）为了使臂肌发达、对称，在进行两手交替练习和依次练习时，其负荷应完全相同，既要练屈肌，又要练伸肌。

（2）男生的锻炼多数是以发达臂部肌肉、增强臂力为主要目的的，在进行练习时，应以大重量为主，练习次数可少一些。女生在锻炼时，往往以增强臂力、提高肌肉的弹性和减缩多余脂肪为目的，练习重量常以中小重量为主，练习次数可多一些。

在进行系统的锻炼时，各阶段锻炼的内容安排如下：

第 1 个月的锻炼，主要是锻炼肌肉或肌群，如肱二头肌、肱三头肌、前臂肌群等，各选择 1 个动作，每个动作练 2 组。

第 2、3 个月的锻炼，应根据上述各肌肉或肌群的训练效果另选择动作，每个动作练 3 组。

第 3 个月至第 6 个月的锻炼，每块肌肉或肌群可选择 2 个不同方位或不同器械的动作，每个动作做 2～3 组。

6 个月以后，应根据臂部肌肉的增长情况，每块肌肉或肌群选择 2～3 个不同的动作，每个动作练 3～4 组，最多不超过 5 组。

锻炼 1 年左右，一般情况下，臂围会明显增粗。但是锻炼 1 年后，臂围的增长幅度可能要稍慢一些，为进一步增强锻炼效果，应根据实际情况适当地增加运动量。

（四）胸部肌群的锻炼动作与方法

1.胸部肌群常见练习

健美的胸部主要有赖于发达的胸大肌。胸部肌肉的主要练习动作包括平卧推举、双杠臂屈伸、仰卧飞鸟、斜卧推举、俯卧撑、仰卧屈臂上拉、坐姿屈臂扩夹胸和仰卧直臂上拉等。

2.胸部肌群锻炼建议

（1）各阶段胸部肌群锻炼的内容安排

初练至 3 个月的锻炼期：除掌握基本的练习要领外，主要应以发展胸部形状为主。可隔天练习，每周练 3 次，每次练习选 1～2 个动作。此外，在训练胸肌时，最好与训练背阔肌及大腿肌群结合起来，以取得更好的效果。

3 个月以后至 1 年的锻炼期：即第一阶段是 3 个月至 6 个月，第二个阶段是 6 个月至 1 年。一般在这个时期的锻炼中，主要目的以扩大胸腔、改变基本体形、促使胸肌发达为主，每次练 2～3 组。

1 年以后的锻炼期：根据胸肌的发展情况，练习者可以合理地选择发展不同部位，以 3～5 个动作为一个组合。由于运动量逐渐增大，此时的锻炼还应与身体其他部位的锻炼结合起来，每次练习可选 3～10 个动作为一个组合，做 3～4 组。

（2）男、女锻炼方法的区别

①男生胸部锻炼

男生的胸部外形，根据部位可分为“外侧翼”“下缘沟”“上胸部”等。为了塑造良好的形体，主要从发达胸大肌、扩大胸腔、增强呼吸系统功能着手，然后结合肩、背、臂和腿部等肌肉群进行锻炼。前 3 个月的锻炼，主要以发展胸部的形状为主，即先发达“外侧翼”“下缘沟”的肌群，然后由“外侧翼”逐渐向“中间沟”“下缘沟”“上胸部”发展，把三角肌前束肌群联系起来，以形成宽厚、结实的胸脯。

②女生胸部锻炼

胸部的大小与遗传因素有关。青春期（16～18 岁）是女生胸部发育的顶峰，如果雌激素分泌较多，胸部往往过于肥大；雌激素分泌较少，则会使得胸部过小。通过进行健美锻炼，可防止脂肪增多和乳腺萎缩，使胸部丰满而富有弹性。对于胸部扁平、乳房较小的女生，应加强胸部锻炼，发达胸大肌，增强肺活量，扩大胸腔，促进乳房发育。

在进行锻炼时，一般应以轻器械练习为主。在刚开始练习时，应注重扩大胸腔、增强呼吸功能的练习，同时促进胸大肌的两侧翼和周围肌群发展。一般在锻炼 3 个月以后，胸大肌变得结实、饱满，乳腺的弹性也会有所改善。

女生在进行胸部锻炼时，还应该注意以下几点：

其一，一般每周锻炼 3 次较为合适，可隔天练 1 次。

其二，在进行锻炼之前，应进行相应的准备活动，一般可进行 15 min 的形体健美操。

其三，每次练习可选择 2～3 个动作，每组所采用的重量以能举起 8～12 次最为合适；如能超过 12 次，说明要适当加重；如举不起 8 次，则应减轻重量。练习的次数与组数应随着锻炼水平的提高而增加。

其四，女生如果以减缩多余脂肪或以增强肌肉弹性为锻炼目的，则每组锻炼要达到15次以上，最多不超过20次；如果锻炼目的是扩大胸腔或发达胸大肌，可以按照常规要求练习。

其五，对于乳房发育过大或胸部脂肪过多的女生来说，要使胸部保持健美，首先，应注重饮食的控制，注重“低热能”和“低脂肪”食物的摄入；其次，应积极进行运动锻炼，可进行游泳、打球、健美操等运动。

（五）背部肌群的锻炼动作与方法

1.背部肌群常见练习

很多人认为，锻炼胸肌同时会影响到背肌，这一观点是片面的。在锻炼过程中，虽然胸部锻炼会使背阔肌得到锻炼，但背阔肌面积较大，为了使背阔肌得到充分发展，就要进行一些专门的练习。如果在进行胸肌练习时，不注重背阔肌练习，则可能造成胸廓的畸形发展。因此，在进行练习时，应注重胸部肌肉和背部肌肉的共同练习。锻炼背部肌肉的主要练习动作有单杠引体向上至颈后、坐姿重锤颈后下拉、俯卧提拉、俯立划船、坐姿双手划船、屈体硬拉和坐姿对握腹前平拉等。

2.背部肌群锻炼建议

（1）男生背部肌群锻炼建议

一般来讲，男生在进行背部锻炼时，应从背阔肌的锻炼着手，先使得背阔肌宽厚，形成良好的体形，在锻炼一段时间以后，再根据各人的背部肌肉发展特点，合理地安排重点锻炼部位。在锻炼的1～3个月，每次练习可选2个动作，做2～3组；在3个月～1年，每次可选2～3个动作，做5～8组。无论男女，促进肌肉发展练习的最佳次数都是每组8～12次；如果着重减缩脂肪者，次数可多一些。

（2）女生背部肌群锻炼建议

加强背部肌群的锻炼，对纠正脊柱前屈和侧屈等不良体态有较好的效果，还能有效地减缩背部和腰部多余的脂肪。

女生背部肌群锻炼各阶段的锻炼安排如下：

其一，在初级阶段，主要应以掌握正确的锻炼背部的练习要领和改变背部的形状为主，其中，第 1 个月主要掌握背部练习的练习要领。

其二，第 2、3 个月，改变背部的肌肉形状，形成良好的形体。

其三，第 3 个月～1 年的锻炼，主要是进一步改变背部的肌肉群和形状，巩固锻炼后的成果，使肌肉坚实而富有弹性，体现出女性的“曲线美”。

其四，在练习 1 年后，应以加强背部重点肌肉群的锻炼为主。

另外，在各阶段的锻炼中，要注意背部各肌群的平衡发展。

（六）腰腹部肌群的锻炼动作与方法

1.腰腹部肌群常见练习

要想使躯干强壮，就要发展竖脊肌、腰背伸肌及股后肌群的力量。要想使腹部曲线优美，肌肉结实而有力，就必须加强上腹部（腹直肌上部）、下腹部（腹直肌下部及髂腰肌）和腹部两侧（腹内外斜肌）肌群的锻炼。主要练习动作有俯卧两头起、俯卧挺身、直腿硬拉、俯身展体、负重体侧屈、侧卧弯起、负重转体、俯卧转体挺身、锻炼腹部肌群的常见练习、仰卧起坐、仰卧举腿、仰卧两头起、悬垂收腹举腿和仰卧双腿绕环等。

2.腰腹部肌群锻炼建议

（1）腹部肌肉线条是展现体形美的主要部位。腰腹部锻炼的主要目的是促进腹直肌和腹外侧肌的发展。

（2）女生的腹部锻炼应根据不同的锻炼要求，采用不同的锻炼方法。对于重点减肥者，锻炼的范围应包括腰周围的上腹、下腹、腹侧、腰背，甚至胸部、臀部和大腿上部等部位，每周安排 5 天或 6 天进行锻炼，每次至少 60 min，并以有氧运动为主。

（3）腰腹肌的锻炼应注意以下几个方面：

其一，每次应选择 2～4 个动作，练习 3～5 组，每组不得少于 20 次，间歇时间最多不超过 30 s，每周至少安排 2 天进行练习。

其二，动作频率应稍快，初练时，动作难度要求不必过高，从徒手到持器械，有一定基础后不断增加动作难度和器械的重量。

其三，在进行全面健身练习时，腰腹肌的锻炼应安排在最后，这是使腰腹保持健美的关键。

第二节 患病群体的体育锻炼指导

一、颈椎病患者的运动康复指导

颈椎病即因颈椎间盘退行性改变、颈椎骨质增生及颈部损伤所引起的疾病。其发病原因是经常落枕、外伤劳损或长期低头学习和工作、缺少运动等。学生通过进行运动康复保健，能够有效预防和治疗颈椎病。颈椎病患者的运动康复方法主要有颈椎牵引、医疗体操、保健按摩等。

（一）颈椎牵引

颈椎牵引运动康复方法要求在床头或门框上安装一根带滑轮的立竿，滑轮上穿一根绳子，绳子的一端绑上沙袋或铁锤，重量可从 4 kg 开始，逐渐增加到 10 kg，甚至 15 kg。绳子的另一端接颈圈或牵引带，固定在患者的下颌与后枕部。牵引时头前倾 20° 左右，使牵引力主要作用于颈椎体后缘、椎间孔及后关节等。每天做 1 次或 2 次牵引，每次锻炼时间约 30 min。高血压患者应慎用该方法。在牵引的过程中，如果颈椎病患者出现头晕、恶心等不良反应，应暂停牵引或减轻牵引重量。

（二）医疗体操

1.头侧屈练习

患者自然站立，双手放在体后。头向左侧屈至最大限度，再向右侧屈，不加旋转动作，共做 30 次。

2.颈项环转练习

患者取坐位，头颈放松，自然呼吸。缓慢地做颈部转动，幅度由小到大。顺时针、逆时针方向交替进行，连续做 20 圈。

3.双手擎天练习

患者自然站立，双手指相交叉置于胸前，掌心向上。同时，颈部充分前屈，颌接触前胸，眼看掌心。缓慢抬头，同时翻掌向上伸展至最大限度，掌心向上，眼看手背。共做 30 次。每天早晚各练习 1 次。

4.头颈左右旋转练习

患者自然站立，双手叉腰，头颈交替向左、右旋转。动作要慢、要稳，幅度尽量大，眼睛努力向后方看。两侧各转 50 次。

5.低头仰面练习

患者自然站立，双手叉腰。头颈后仰，眼睛看天，并逐渐加大幅度，然后低头看地。抬头、低头交替进行，动作应缓慢，各做 20 次。

（三）保健按摩

1.按揉法练习

患者用大拇指对侧颈部肌肉做由上而下的螺旋形按摩。两手交替进行，用力由轻到重。按摩时间为 1min 或 2 min。

2.点穴法练习

患者用两手大拇指按压风池穴及颈肌肉痛点，用力由轻到重。点压时停留片刻，然后放松。练习时间持续 1min 或 2 min。

3.提捏法练习

患者用大拇指及四指的合力提捏颈后部肌肉，由上而下捏起放松。反复练习 6～10 次。

二、神经系统疾病患者的运动康复指导

（一）神经衰弱的康复体育疗法

神经衰弱是由于人长期处于紧张和焦虑状态，或由于用脑过度导致的神经系统功能紊乱，使得大脑皮质的内抑制过程减弱，从而出现过度兴奋、迅速疲惫，以及植物神经功能紊乱的现象。神经衰弱患者在注意休息的同时，还应积极进行健身锻炼。在健身过程中，神经系统功能可以得到有效调节，能够有效促进神经衰弱症状的缓解和消除。

神经衰弱患者的运动康复方法如下：

1.散步、慢跑

散步、慢跑有助于神经衰弱患者的康复。实验证明，神经衰弱患者进行较长时间的散步，可有效调整大脑皮层的兴奋和抑制过程，减轻血管活动失调的症状。根据身体情况做一些慢跑活动，也会对治疗神经衰弱有良好的治疗效果。跑的速度可以放慢，或采取走、跑交替的方法进行健身锻炼。

2.太极拳

太极拳对治疗神经衰弱有显著的功效。神经衰弱患者在打太极拳时，应特别注意静（精神宁静）、松（全身放松）、慢（动作缓慢）三字要诀，以达到更理想的效果。

3.强壮功

强壮功对神经衰弱患者有很好的疗效，患者一般可采用坐式进行康复锻炼，对于体力太弱的患者，可采用卧式进行康复锻炼；对于体力较好的患者，

可练习站桩功。在练习时，强调入静，每天 2 次或 3 次，每次约 30 min，还可练习放松功，以治疗失眠症状。

4.其他运动康复方法

其他运动康复方法有八段锦、广播体操、医疗体操等，或者进行运动量较小的球类活动。对于体力较好的神经衰弱患者，可通过爬山、游泳、划船等活动进行康复锻炼，也可在户外做适当的体力劳动进行运动康复锻炼。

（二）失眠症的康复体育疗法

现在，人们的压力较大，失眠症成为一种易患疾病。对于学生而言，其面临着较大的学习压力，在即将步入社会时也伴随着一定的焦虑，容易患上失眠症。失眠症发病的主要原因是大脑皮质的抑制功能减弱和兴奋功能增强。失眠是神经衰弱的常见症状，但失眠症患者不一定就患有神经衰弱。失眠症患者应先找出失眠原因，再根据具体情况采取体育疗法或药物治疗。

1.睡前做适宜的健身活动

失眠症患者在睡前可进行 15～20 min 的散步，或打 10～15 min 的太极拳。然后用温水洗脸，温水泡脚 10～15 min，待情绪安定后再上床睡觉。

2.“干浴”按摩

失眠症患者在临睡前取卧位或盘坐位，进行自我全身按摩，先用双手轻轻按摩面部，然后左右手交替按摩左右臂，再用双手轻轻地、慢慢地抚摩胸部和腹部，最后按摩脚心，即涌泉穴。一般 10 min 左右便会出现倦意和睡意。如睡不着，可再重复一遍全身按摩。

3.防治失眠“十二字诀”

肢体活动、穴位按摩、呼吸入睡，是防治失眠的“十二字诀”。

（1）肢体活动

肢体活动方法要求患者在睡前 10～15 min 做四肢和躯体的缓慢上下起伏、左右扭转、前后伸屈等简单动作。

（2）穴位按摩

穴位按摩方法要求患者用手掌按摩胸腹部的中府穴、中脘穴和丹田穴，再按摩颈部的翳风穴、风池穴；最后按摩腰部，搓手和擦面各20～30次。

（3）呼吸入睡

在上述活动之后，患者的身体开始安静和倦乏，此时即可上床，最好向右侧身而卧，将手置于胸前，随着均匀的呼吸，做大拇指和食指的开闭动作（吸气时开，呼气时闭）。进行片刻，即可逐渐入睡。

三、慢性支气管炎患者的运动康复指导

环境污染、不健康的生活方式容易使人患上慢性支气管炎。慢性支气管炎的发病原因主要是病毒、细菌和肺炎支原体引起的上呼吸道感染，不良的外界空气环境也是造成慢性支气管炎的重要原因。慢性支气管炎患者的运动康复方法主要有以下几种：

（一）健身运动

慢性支气管炎患者在健身运动时，可根据自身的体力情况，坚持快步走、上楼梯、慢跑、爬山、打太极拳、练气功、做广播操等多种健身运动，健身运动应多在户外的新鲜空气中进行。

（二）呼吸体操

呼吸体操运动康复方法注重锻炼腹式呼吸，从而养成柔和、缓慢而较为深长的呼吸习惯。

（三）医疗体操

1.拍打胸部

患者在挺胸吸气后，左手拍打左胸，右手拍打右胸，先轻后重。该健身动

作重复做 30～50 次，坚持每天做 2 次。

2.揉搓颈部

患者将两手搓热，然后用双手摩擦颈部，到发热为止，坚持每天做 2 次。

3.两手摸墙

患者面对墙站立，两臂上举，两手摸到最高处，然后两臂放下。该健身动作重复做 20～30 次，坚持每天做 2 次。

4.捶击肩部

患者左拳捶击右肩，右拳捶击左肩。该健身动作重复做 20～30 次，坚持每天做 2 次。

5.跪撑臂屈伸

患者跪在床上，先保持两臂伸直，然后两臂弯曲，胸贴床上，再恢复两臂伸直。该健身动作重复做 20～30 次，应坚持每天做 2 次。

四、消化系统疾病患者的运动康复指导

（一）慢性胃肠炎的康复体育疗法

饮食不规律、喜好辛辣刺激食物、饮食不科学等都是造成慢性胃肠炎的重要原因，慢性胃肠炎也是现代人常患的一种疾病。

慢性胃肠炎患者以慢性胃炎居多，另外还有溃疡病，主要病变多发生于胃和十二指肠。为了促进慢性肠胃炎的康复，患者不仅应注重合理饮食，而且应辅助以相应的体育疗法。慢性胃肠炎患者常采用的体育疗法主要有气功、太极拳（剑）、按摩、医疗体操等。

1.气功

在进行气功练习时，患者采取侧卧式或坐式进行练习。每天坚持练习 2 次，每次约 30 min。

2.太极拳（剑）练习

在进行太极拳（剑）练习时，要求患者每天早晚各练习 1 次，每次练习 20～30 min。

3.按摩

（1）揉腹按摩

患者早晨起床前或晚上睡觉前，仰卧在床上，双手掌重叠，置于肚脐部位，按顺时针和逆时针方向各按揉 60 次。

（2）点按按摩

患者用一手拇指在腹部穴位或任何一点缓缓用力下按，达到一定深度后，手指慢慢抬起，一个部位可点按 6～9 下。当用于止痛时，可点按足三里穴位。饱腹时，不宜进行揉腹和点按。

4.医疗体操

患者进行一些腹背活动徒手操的训练，能够有效改善胃肠功能。消化系统疾病患者可针对自己的实际情况，选择下列全部或部分动作进行运动康复锻炼：

（1）腹背运动练习

患者两脚开立与肩同宽，两臂下垂。随后两臂上举，挺胸、抬头，尽力体后屈，吸气。然后慢慢体前屈，两手摸脚背，呼气。该动作重复练习 20～30 次，每天坚持练习 2 次。

（2）腹肌运动练习

患者两脚自然开立或者坐在凳子上，两手放在上腹部。用力鼓肚子，等肚子鼓大以后，停留 2 s 或 3 s。然后收回肚子，直至回到最小状态，停留 2 s 或 3 s。重复练习 20～30 次，每天做 3 次。

（3）俯卧挺身起练习

患者俯卧在床上，两手在腹间支撑。上体尽力抬起，停留 2 s 或 3 s，吸气。然后还原到开始姿势，呼气。该动作重复练习 30～50 次，每天坚持练习 2 次。

（4）仰卧举腿练习

患者仰卧在床上，两臂在体侧伸直，两腿伸直向前上举，保持不动，停留 2 s 或 3 s，吸气。然后还原到开始姿势，呼气。重复练习 20～30 次，每天坚持练习 2 次。

（5）仰卧起坐练习

患者仰卧在床上，两臂在体侧伸直或两手抱头，用力收腹，上体起立坐起，随后体前屈，两手摸脚面，然后还原到开始姿势，呼气。重复练习 20～30 次，每天坚持练习 2 次。

（二）便秘的康复体育疗法

饮食和生活不规律、久坐不起、缺乏锻炼等都是造成便秘的重要原因。另外，在饮食方面，长期吃一些细粮，也会造成肠胃蠕动功能减弱，从而导致便秘。在治疗便秘时，不仅要注重饮食，而且应加强锻炼。其具体的康复体育疗法如下：

1.气功

便秘者可做内养功，采取仰卧位，进行深腹式呼吸，意守丹田，每天坚持做 2 次或 3 次，每次持续 30 min。

2.医疗运动

医疗运动主要包括步行、慢跑、游泳等。患者在晨起后到户外快速行走 30 min，然后喝一杯温开水即去排便。每天一次，长期坚持，对便秘会有良好的防治效果。

3.按摩

该方法要求便秘者先将两手搓热，然后相叠，着内衣或单衣，用掌心在以肚脐为中心的腹部，按顺时针方向，分小圈、中圈、大圈各转摩 12 次。

4.医疗体操

医疗体操主要是为了增强腹肌和肛提肌的力量，具体方法主要有以下几种：

（1）腿屈伸练习

患者仰卧在床上，两腿举起，两臂体侧伸直，两腿交替屈伸，做骑自行车蹬踏板的动作。患者应保持自然呼吸，动作要轻快，屈伸幅度要尽量大。该动作重复做 20～30 次。

（2）收腹举腿练习

患者仰卧在床上，两腿伸直，两臂在体侧伸直。用力收腹举腿到垂直位置，两腿伸直，吸气。然后慢慢还原到开始姿势，呼气。该动作重复 10 次左右。

（3）屈腿贴腹练习

患者仰卧在床上，两腿伸直，两臂在体侧伸直，上体保持不动，两腿弯曲，大腿贴腹，吸气。然后还原到开始姿势，呼气。该动作重复 10 次左右。

（4）仰卧起坐练习

患者仰卧在床上，两臂在体侧伸直。用力收腹，上体起立坐起，随之体前屈，两手摸脚尖，深吸气。然后慢慢地还原到开始姿势，深呼气。该动作重复 10 次左右。

（5）转体练习

在进行转体练习时，患者两脚自然分开，两臂下垂。上体左右转，同时两臂左右侧平举，吸气。然后还原到开始姿势，呼气。每侧重复该动作 10 次。

（6）原地高抬腿踏步练习

在进行原地高抬腿踏步练习时，患者的身体保持直立，两臂下垂。高抬腿踏步 1 min 或 2 min，保持自然呼吸。

五、高血压患者的运动康复指导

高血压虽然不是遗传疾病，但是其发病过程受遗传因素的影响，有高血压家族史的人患病的可能性要更大，在饮食中过多摄入钠盐和脂肪也是重要的发病因素。人长期处于紧张的工作状态中，并且性格急躁、个性较强，则发病的可能性也较高。另外，肥胖人群往往会伴随有高血压。一般收缩压高于 21.3 kpa（160 mmHg）或舒张压高于 12.65 kpa（95 mmHg）者即为高血压患者。高血压患者的运动保健疗法一般以小强度、长时间、大肌群的动力性运动为主。另外，一些放松性的有氧运动，如太极拳、医疗体操等，对治疗高血压也有良好的效果。

（一）低强度有氧练习

高血压患者康复运动的常用方法包括医疗步行和骑自行车等，运动强度一般为最大心率的 50%～60%，停止活动后心率应在 3～5 min 恢复正常。步行的速度不超过 110 m/min，一般为 50～80 m/min，每次锻炼 30 min，其间可穿插休息或医疗体操。50 岁以上患者在活动时的心率一般不超过 120～130 次/min。在进行运动保健时，活动强度越大，则越要注重准备活动和整理活动。

下面介绍三种步行方法，可促进高血压患者的血液循环：

（1）患者将注意力集中在腰部或胸部，走路时向斜前方推出，上体可左右摇动，逐渐加快速度。

（2）患者背对着墙壁侧走，双脚向侧方尽量交叉张开行走，可减少身体的上下动作。

（3）患者向斜前方推出腰部侧走。

（二）气功练习

患者在练气功时，应排除杂念、松静自然、呼吸均匀、意守丹田（脐下）或涌泉（脚心）。具体的练习方法如下：

1.预备姿势和动作

（1）两足开立与肩同宽，足尖向前，松腰松胯，含胸挺背，松肩沉肘，下颌稍向内收，舌尖轻抵上腭，眼睛微闭，以鼻呼吸。

（2）从头到足，节节放松，默念“头部松，颈项松，肩部松，两臂松，两手松，身体松，两腿松，两足松”，重复 3 次，随意念同时要求相应部位肌肉放松。

（3）吸气时，意念“气”由涌泉穴沿两大腿外侧向上至命门穴，再从命门穴向前到丹田穴；呼气时，意念“气”由丹田穴沿两大腿内侧下直达涌泉穴，当意念至涌泉穴时换气 1 次（即呼吸 1 次），然后再意念从涌泉穴出气，重复 3 次。

2.基本动作

（1）吸气，两臂自身体一侧慢慢上提至与肩平，掌心向下，同时意念“气”由劳宫穴入体。

（2）呼气，松肩沉肘，两手掌心相对，两臂由体侧向前至与肩同宽，意念“气”由劳宫穴沿两臂内侧至膻中穴。

（3）自然呼吸，两手掌心向下，两臂慢慢放下，同时两膝半蹲，中指指尖对准涌泉穴，意念气血下行。

（4）自然呼吸，慢慢起立，静站片刻。

以上动作重复 15～20 次，每次 1 min，每天进行 2 次或 3 次。动作幅度不宜过大，速度应相对较慢，外导内行，呼气要长，肌肉放松。

除了上述的方法之外，降压舒心操、太极拳和其他形式的拳操也具有良好的效果。在锻炼时，应保持肌肉的放松，动作舒展，注意力集中。如果有弯腰动作，要注意头不宜低于心脏位置。

（三）医疗体操

医疗体操是一种重要的运动保健康复方法。患者在做医疗体操时，要与呼吸密切配合，动作柔和而有节奏，姿势轻松舒适，切忌憋气和使劲用力，做弯腰动作时，头部位置不宜低于心脏位置。

（四）抗阻运动

医学研究表明，患者进行中小强度的抗阻运动具有良好的降压作用。一般采用循环抗阻运动，即采用相当于 40%最大收缩力作为运动强度，做大肌肉群

（如肱二头肌、胸大肌、股四头肌等）的抗阻收缩，每节运动重复 10～15 次，各节运动之间休息 10～30 s，10～15 节为一循环，每次练习 1 个或 2 个循环，每周 3 次，8～12 周为一个疗程。

在做抗阻运动时，注意在用力时呼气。患者在练习之后，其收缩压可下降 10%左右，同时其运动能力也会得到一定程度的提高。

第三节 体态矫正群体的体育锻炼指导

一、脊柱侧弯矫正健身

（一）脊柱侧弯的原因与危害

脊柱是人体的中枢，它从上到下连接人的躯干部分。从人体的侧面解剖图可以看到，人的脊柱并不是完全竖直的，而是每节都有向前、向后的正常生理弯曲，但这种弯曲仅仅体现在人体的侧面脊柱投影上，从正面和背面来看，脊柱是完全竖直的。脊柱侧弯就是指人的脊柱发生向左或向右的弯曲。

脊柱侧弯是脊柱畸形的一种，当患者脱掉衣服时，这种弯曲便会更加明显。脊柱侧弯轻者表现为两肩不等高、腰凹不对称；重者可见胸部、胸腰部至腰部一段的脊柱向一侧弯曲，同侧背部隆起、胸廓塌陷；脊柱侧弯严重者可影响心肺功能和内脏功能。

在脊柱侧弯初期，做矫正操效果最显著，因为这时骨骼和韧带还没有发生异常变化，一旦侧弯发生较久，由于一侧的肌肉韧带松弛，另一侧发生萎缩，矫正起来就不如起初那么容易了。若侧弯长久，脊椎骨本身往往也随之发生了变形，矫正就更加困难了。但是，如果能长期坚持做矫正操，还是能防止侧弯的再发展的，可使脊柱能够正常发育。

（二）脊柱侧弯矫正的方法

脊柱矫正体操是较为常用的用于矫正脊柱侧弯的方法。已经患有不同程度脊柱侧弯的大学生，通过长期坚持做脊柱矫正体操，可以达到改善脊柱侧弯的效果。

脊柱侧弯矫正方法的作用，在于重点加强脊柱凸出一侧的肌肉，逐渐把侧凸的脊柱拉直。下面，就针对这种侧弯，介绍一套简易的矫正脊柱侧弯的体操：

1.仰卧挺胸

（1）准备姿势：仰卧，左手用力向上伸，右手用力下伸。

（2）练习要领：挺胸，同时抬起肩部，吸气，放下时呼气。

2.仰卧举腿

（1）准备姿势：同上节。

（2）练习要领：右腿伸直抬高 60° 左右，呼气，放下时吸气。

3.仰卧弓身

（1）准备姿势：同上节，右下肢屈曲，足踩床（垫）面。

（2）练习要领：抬起腰部和臀部，吸气，放下时呼气。

4.侧卧弯起

（1）准备姿势：向左侧卧，左手用力向上伸，右手用力向下伸。

（2）练习要领：抬起头部、肩部和胸部，呼气，放下时吸气。

5.侧卧举腿

（1）准备姿势：同上节。

（2）练习要领：右腿伸直抬起，同时呼气，放下时吸气。

6.俯卧挺身

（1）准备姿势：俯卧，左手向上伸，右手向下伸。

（2）练习要领：抬起头部、肩部、上胸部和左手，吸气，放下时呼气。

7.俯卧举腿

（1）准备姿势：同上节。

（2）练习要领：右腿伸直抬起吸气，放下时呼气。

8.俯卧两头起

（1）准备姿势：同上节。

（2）练习要领：抬起头部、肩部、上胸部和左手，同时右下肢伸直抬起，吸气，放下时呼气。

上述这套矫正操的第 1 节和第 6 节，对胸部脊柱矫正的作用大一些；第 2、第 3、第 5、第 7 节，对腰部脊柱矫正的作用大一些；第 4 节全面地锻炼了躯干右侧的肌肉，第 8 节则综合了第 6、第 7 节的动作，这两节动作做起来较为吃力，矫正作用也较强。

在做操时，动作要缓慢、平稳，每个动作做 3～5 s，每节重复 2 个 8 拍，逐渐增加到重复 4 个 8 拍，各节中间可适当休息。对于体力较好的练习者，当做完全套动作还不太累时，可以选择某几节动作完成后再停住 10～30 s，以增加运动量，提高矫正效果。该矫正体操每天要进行 1 次，一般要做几个月到几年，可获得一定的疗效。

二、肩部缺陷的矫正

（一）高低肩矫正方法

高低肩即为两肩高低不一。对于大学生而言，造成高低肩的主要原因是经常用同一侧的肩膀背包，造成一侧肩关节周围的软组织长时间地处于紧张状态，最终形成高低肩。高低肩的矫正方法有如下几种：

1.对镜哑铃练习

面向镜子，两脚开立，与肩同宽，上体直立，两手持哑铃下垂于体侧。然后吸气，同时两臂做侧平举，观察两肩是否在与地面平行的一条直线上，之后呼气放下还原，重复10～12次，共练习3组。

2.提肩练习

两脚开立，与肩同宽，上体正直。两手斜下举，低肩的一侧做提肩练习10次，另一侧手自然下垂，然后双肩做提肩、沉肩练习10次，反复练习4组。

3.悬垂练习

背向肋木，双手正握杠悬垂，女生做屈膝收腹举腿到与大腿水平，男生举直腿至水平，控制15～20 s，反复练习3组。

4.双杠屈伸练习

双杠双臂支撑，在他人辅助下做上下屈伸练习。要求身体保持正直，防止前后、左右摆动屈伸，每组动作做10～15次，共练习4组。

5.倒立练习

在他人辅助下对墙倒立，要求身体正直，两手用力均匀，每次停留30～60 s，共练习5次。

6.单臂侧平举练习

两脚开立，与肩同宽，上体直立，低肩侧手持哑铃或重物做单臂侧平举，另一侧手叉腰。重复15～20次，共练习4组。

7.两臂绕环练习

两臂侧平举向内、向外交替绕环。开始时，向外绕小环，然后绕中环，直到绕大环。这项练习可增加双肩、双臂肌肉群的力量。

（二）溜肩矫正方法

溜肩又叫“垂肩”，是指肩部与颈部的角度较大，正常男性颈部与肩部的角度在95°～110°，女性在100°～120°，如果男生或女生肩部与颈部的角度大于上述角度，就属于溜肩。造成溜肩的主要原因为肩部的锁骨和肩胛骨周围附着的各肌肉群（如三角肌、胸大肌、背阔肌、斜方肌等）不发达，使得锁骨和肩胛骨远端下垂，从而形成溜肩。溜肩的矫正方法有如下几种：

1.器械侧平举练习

两脚开立，与肩同宽，两手拳眼向前持哑铃或重物下垂于体侧。随即吸气，持哑铃向两侧举起，手臂与肩齐平时稍停3 s或4 s，再呼气，持哑铃慢慢放下还原至体侧，重复10～12次，共练习3组。

2.持器械屈臂提肘练习

两脚开立，两手于体侧提一重物或哑铃，当吸气时，两手持哑铃屈臂提肘上拉到上臂与地面平行，停2 s或3 s，然后再呼气，持铃慢慢贴身放下还原，练习8～10次，共练习4组。

3.开肘俯卧撑练习

开肘俯卧撑，即俯卧撑时两肘与肩与一水平线上，每组10～15次，共练习3组，早晚均进行练习。

4.倒立手臂屈伸练习

在他人辅助下，在体操架上进行倒立手臂屈伸练习，帮助者两手扶在练习者两腿外侧，根据练习者的手臂力量，决定所给帮助力的大小，最后帮助其完成屈伸动作。当然，要确保练习者身体姿势的正直、不摇晃。重复做7～10次，共练习3组。

5.坐姿颈前推举练习

练习者保持坐立，两手宽握距持哑铃置于胸上，上体保持挺胸、收腹、紧腰的姿势，随即吸气，持哑铃垂直向上推起，到两臂完全伸直为止，控制2 s或3 s再呼气，慢慢放下还原，重复10～12次，练习3组。

6.侧向拉橡皮条练习

两腿前后站立，双手于体侧拉橡皮条的两端（橡皮条从肋木中穿过，系在肋木上），上体保持挺胸、收腹、收紧腰部肌肉的姿势，随即吸气，两手从体后水平拉橡皮条至胸前平举。控制 2 s 或 3 s 再呼气，手臂还原。重复练习 15～20 次，共练习 4 组。

三、驼背的矫正

“驼背”是指胸椎后突所引起的形态改变，这不是脊柱本身存在问题，而是经常低头、窝胸和背部肌肉薄弱、松弛无力所致，对于驼背的矫正，主要以加强背部伸肌的力量和牵拉胸部前面的韧带为主。

（一）驼背预防方法

造成驼背的因素，首先是背部肌肉长期松弛，因此为了达到纠正和预防驼背的目的，可以从加强背部肌肉练习开始。其中，较为常见的练习方法就是在单杠上做引体向上动作，特别是双手宽握上拉至后颈部触杠的练习，能很好地发展背部和肩部的肌肉。

预防和矫正驼背最重要的是经常注意保持正确的体态。靠墙站立，使后脑、双肩、臀部和脚跟贴墙，尽可能长时间地保持这种姿势。每天练习几次，即是一种很有效的预防和矫正方法。另外，各种平衡练习也是大学生预防驼背的良好措施。下列练习有助于矫正非病理性驼背：

（1）双手背后叉握，尽力上提至肩胛骨，用力顶住后背，头后仰。

（2）仰卧，双臂侧平放，上体挺起，呈后脑和臀部撑地的姿势。

（3）跪立，两手抓住脚跟，胸前挺，头后仰。

（4）俯卧，双手叉握放于头后，两脚固定。上体和头尽量向后上方抬起，两肘同时张开上抬。

（5）坐在椅子上，双手叉握放头后，胸部用力向前挺，头后仰。

（6）仰卧，用手（靠近头部）和脚支撑，做“桥”。

（7）背对墙站立，头后仰，前额触墙。

上述练习每天做2次或3次，每次3个或4个，每个动作重复12～15次。

（二）驼背矫正方法

学生驼背，多数是平时经常低头、窝胸等不良姿势引起的，如看书、写字时身体趴在桌上，使用过矮的桌椅，经常用肩背杠过重的东西等。在这种情况下，脊柱前面的韧带就会紧紧收缩，脊柱后面的韧带和肌肉就得到了放松，长期如此，背部肌肉就会变得松弛无力，形成姿势性圆背。若不及时矫正，脊柱就可能出现结构性的改变，出现驼背现象，此时再进行矫正会比较困难。所以在刚刚出现圆背后，就应该尽快矫正，不能任其发展下去。

青少年身体的可塑性较大，既容易因不良姿势引起驼背，又容易纠正不良姿势，矫治驼背。姿势性驼背的预防和矫正可采取以下两种方法：

1.习惯养成法

（1）注意端正身体姿势。平时无论是站立，还是行走，双眼要保持向前平视，胸部自然挺起，两肩向后自然舒展，不窝胸、弯腰。坐时脊背挺直，看书、写字时不要过分低头，更不要趴在桌子上。

（2）使用合适的桌椅和用具。青少年的身高逐渐增加，相应地，应增高桌椅；睡觉时用的枕头不宜过高；对于视力不好的青少年，应及时佩戴矫正视力的眼镜等。

（3）青少年的身体处于发育期，不宜经常搬扛过重的东西，如挑、扛麻袋时，不要装得过满、过重，尽量减少脊柱的负担。

（4）睡硬板床。在上床后、入睡前，在背后垫上高枕头，全身放松，让头后仰，活动15～20 min。早上起床前，再做一次，每天坚持。

（5）坚持做矫正驼背的医疗体操。这主要是为了增强伸背挺胸的肌肉力量，调整身体前后方肌肉的力量平衡，纠正圆背。同时，练习扩胸运动，可以增加两肩的肩胛骨向后靠拢的力量。

2.体操矫正法

下面介绍的几节矫正圆背的体操，可以全做，也可选用一部分练习：

（1）挺胸运动。仰卧，用枕部和两肘支撑，挺起胸部，同时吸气，放下时呼气。

（2）抬头运动。俯卧，两手置于体侧，抬起头部及肩部，同时吸气，维持 10 s，放下时呼气。

（3）后举运动。俯卧，抬起头部和上胸部，两臂伸直向后举起，双腿尽量上抬，同时吸气，放下时呼气。

（4）扩胸运动。站立，两臂前平举，然后分别向左右挥摆，做扩胸动作，要求抬头、挺胸、收腹、踮脚。

（5）挺背运动。站立，两手轻靠在臀后，两肩及两上臂向后上方提拉，头同时向后仰，做挺背动作。

（6）拱背运动。仰卧，以双脚、双肘和头五点作为支撑，做上挺动作，上挺时吸气，放下时呼气。

以上体操每天早晚各练 1 次，长期持续进行。

四、胸部缺陷的矫正

“鸡胸”是一种软骨病，这是因为患有佝偻病使得肋骨后侧向内凹陷，胸骨部分抬高、突出，从外形上看，整个胸部的形状就像鸡的胸脯。患鸡胸的人由于胸廓变形，直接影响胸腔内的心肺功能和正常发育，同时对疾病的抵抗能力也降低，因此只有采用有效的方法改善胸廓外形，才能弥补鸡胸所造成的缺陷。

（1）双手推膝练习。坐立，两臂体前交叉，按在异侧腿的膝部，吸气，双手向外推膝，两大腿内收用力保持膝不动，要持续对抗一段时间（5～10 s），然后呼气，还原放松。重复 10～15 次，共练习 3 组。

（2）全蹲抱腿练习。自然站立，两臂向外绕环一周呈双腿全蹲，同时含胸低头，双手抱住小腿，控制 2 s，然后还原成直立。反复练习 10～15 次，共练习 2 组。

（3）双杠支撑练习。在双杠上进行双臂屈伸或支撑摆动，练习 5～8 次，共练习 3 组。

（4）双手挤压练习。双手掌挤压，两脚自然开立，两手肘抬平，水平相反用力，好似要把手掌中的物体挤扁似的，挤压动作要在最大力量上持续 5～8 s。用力时吸气，还原放松时呼气。重复 10～15 次，共练习 3 组。

（5）俯卧弓背练习。俯撑，向上弓背，提臀到最大限度，控制 2～4 s 后还原成俯撑。反复练习 10～15 次，共练习 2 组。

（6）拉橡皮条练习。把橡皮条穿过肋木，两手在体侧拉橡皮条，在身体两端呈侧平举。吸气时，两手侧平拉橡皮条到前平举，控制 4 s 或 5 s，呼气时还原成侧平举。反复练习 10～15 次，共练习 3 组。

（7）持哑铃平卧扩胸练习。仰卧在长凳上，两手握哑铃，掌心相对，两臂伸直持哑铃置于胸部上方。然后吸气，两臂向两侧慢慢将哑铃向身体两侧及下方拉开，直到两手略低于两肩，控制 2 s 或 3 s，接着呼气，缓慢还原。反复练习 10～12 次，共练习 3 组。

五、下肢缺陷的矫正

（一）“O”形腿矫正方法

腿部不直会影响形体美，常见的“罗圈腿”也称“O”形腿，它指的是膝关节内翻，是儿童期骨骼发育畸形造成的，多半是站立过早或行走时间过长，或缺乏营养和锻炼所致。“O”形腿测量判断的方法是：双脚踝部并拢，双膝不能靠拢，并形成“O”字形。医学上一般将此类腿型划分成三个不同程度：轻度指的是两膝间距在 3 cm 以内；中度指的是两膝间距 3 cm 以上；重度指的是走路时左右摇摆。这种腿型的形成，主要原因是大、小腿内外两侧肌肉群及韧带的收缩力量与伸展力量不平衡，因此年纪越小，矫正的效果越好。

1.推压膝关节练习

两脚开立，上体前屈，两手扶于膝关节外侧，双腿屈膝半蹲的同时，两手用力向内侧推压膝关节，尽量使两膝内扣，然后慢慢放开还原。反复做 10～15 次，共练习 3 组。

2.后撑地两腿内夹练习

两腿屈膝，左右分开，两脚掌着地，两手于体后撑地，上体稍后倾，两腿用力向内夹，使两个膝关节尽量靠近，上体和脚不动，到最大限度时控制 2 s，然后还原。反复做 10～15 次，共练习 3 组。

3.双膝紧夹练习

保持直立，做两膝间用力夹紧、放松练习。反复进行，为增加夹紧的程度，两膝间可夹一物体，保持所夹物不掉落。每次练习 20 s，反复做 10～15 次，共练习 4 组。

4.内外“八”字交替移动练习

两腿直立，做内外“八”字交替的横行移动 10～15 次，共练习 3 组。

5.小腿侧踢练习

保持直立，左小腿向外侧踢，用足外侧碰左手，或可用绳子系住一个小沙袋，绳头握在左手中，用左小腿外侧去踢小沙袋，使小腿内侧肌群伸展，外侧肌群收缩，踢 10～15 次，换右腿踢，共练习 3 组。

（二）“X”形腿矫正方法

与“O”形腿一样，“X”形腿也是先天遗传、后天营养不良、幼儿时期走坐的姿势不正确引起的。它是指股骨内收、内旋和胫骨外展、外旋形成的一种骨关节异常现象。“X”形腿测量判断的方法是：站立，两膝并拢，如两腿不能并拢，间隔距离为 1.5 cm 以上的，均属“X”形腿。

“X”形腿的矫正方法如下：

1.膝关节下压练习

坐在垫子上，左腿于体前伸直，右腿屈膝外展，脚放在左腿的膝关节处，左手扶脚跟，右手扶右膝的内侧，右手掌用力将右膝向下压，压至最大限度，然后慢慢放开还原。重复练习15～20次，换另一腿做，共练习3组。

2.双腿夹物前伸练习

坐在椅上，两臂后撑，两踝处夹紧一件软的物体，足跟着地，用足带动腿尽量前伸，控制4 s或5 s，然后还原放松。连续做10～15次，共练习3组。注意，所夹物体要用厚的，练习一段时间后再逐渐换薄的。

3.撑橡皮圈练习

坐在垫子上，两臂身后支撑，用橡皮圈套在脚踝上，两腿伸直抬起，两脚用力向左、向右分开，动作要慢，然后还原。重复练习8～10次，共练习3组。

（三）“八”字脚矫正方法

“八”字脚，有外“八”字和内“八”字之分，走路时两脚尖向内扣的称内“八”字，走路时两脚尖向外撇的称为外“八”字。常见的大多是外“八”字脚，它是因为年幼过早站立学走路，腿部的力量较弱，很难保持身体平衡，脚尖自然地向左右分开，慢慢地就形成了习惯。一般情况下，脚尖内扣或外撇不明显的不叫“八”字脚。如果脚尖指的方向与前进方向之间的夹角超过40°，不但影响身体姿态的健美，而且还会影响腿部发力，这种情况就需要进行矫正。

1.直线走跑练习

在走路和跑步时，应随时注意检查自己的膝盖和脚尖是否正对前方、是否在一条直线上，也可以画一条直线，来回练习。

2.跳跃练习

反复练习从高台阶由上往下跳，有意识地在空中并拢脚尖并控制落地，落地后检查脚尖是否并拢。

3.踢毽子练习

两脚交替用脚内侧连续向上方踢毽子，或者用脚外拐踢毽子。纠外“八”字脚用双脚外侧踢，纠正内“八”字脚用双脚内侧踢。

4.直线、弯道走跑练习

以 15 m 为半径画圆，再画出其直径，直径两端各延长 1 m。练习时，站立在直径的延长线上起跑，接弯道加速跑至直径的另一端延长线上，然后沿圆弧线走半圈，如此反复。当左脚外撇严重时，按顺时针方向跑；当右脚外撇严重时，奔跑方向相反。这种锻炼方法比直线走跑的效果好。

第四节 女大学生的体育锻炼指导

女性的一生可分为六个时期，即新生儿期、幼女期、青春期、生育期、更年期及老年期，其中尤以青春期保健意义最为重大。

大学生时期是女性一生中的青春发育和性成熟期，此阶段卵巢发育明显，生殖器官发育较快，约从 18 岁开始，性腺及性器官发育成熟，卵巢周期性排卵，产生雌性激素。乳房和生殖器官也都有周期性变化，在身体形态结构与生理机能方面表现出各自的不同特点。

一、女大学生的生理特点

1.身体发育的特点

在 10 岁以前，男女儿童的身体功能情况和运动能力基本相同。在进入青春发育期以后，由于内分泌系统和生殖系统的迅速发育，女生身体各方面都发生急剧变化，男女生在身体形态、生理功能和心理特征方面都出现了较大差异。

女生青春发育期的生长加速期要早于男生。从生长发育水平来看，平均身高男生增长 35.5 cm，占成人的 20%；女生增长 23.8 cm，占成人身高的 14.9%；体重男生增加 31.2 kg，占成人的 52.7%；女生增加 24.1 kg，占成人的 46.4%。

2.运动器官的特点

（1）骨骼：女生骨骼较轻，抗变能力差，但韧性较大。脊柱的椎间软骨较厚，韧性弹性好，因此做桥和劈叉比男生更容易一些。

（2）体形：女生脊椎骨较长，四肢骨较为短细，尤其是小腿较短，形成上身长、下身短的特点。青春期后，女生肩窄、骨盆宽大，下肢围度增长较快，出现大腿和腰粗等体型特征。这时期，女生的体型特征和特点使得身体重心低，稳定性高，有利于完成平衡动作，但不利于跳高和跳远，下肢短的特点也会影响跑动中的步幅和速度。同时，由于女生骨骼较轻，因而负重能力较差。

（3）肌肉：女生肌肉占体重的 32%～35%，仅占男生肌肉重量的 80%～89%，因此女生的肌肉重量较轻，肌力也较男生弱，且容易感到疲劳，女生肩带和前臂肌肉力量较差，加上肩部较窄，所以做悬垂、支撑、负重等动作较为困难。

（4）身体脂肪：女生的体脂占体重的 28%～30%，大量的脂肪沉积在皮下，尤其是胸部、腿部，由于脂肪层较厚，因而有很好的保温作用，不仅在参加游泳、冰雪运动时有优势，而且有助于保护骨骼肌肉少受损伤。同时，体脂也可储备能量，以供人体需要时使用。

3.运动能力的特点

（1）力量：女生的肌肉力量仅为男生的 2/3 左右。据统计，女生在 18～25 岁时的背力为 73.9 kg，握力为 23.4 kg，屈臂可悬垂 18.8 s，仰卧起坐能做 26.1 次，立定跳远可达 160.5 cm，动力性力量为 18.5 kg，静力性力量为 16 kg。尽管女生的肌力，特别是上肢肌力，比男生差，但通过稳定训练，女生肌力的增长情况可与男生相似，女生进行适当负重训练，不仅可以提高成绩，而且有利于预防运动损伤。

（2）速度：在 60 m 跑中，女生的速度平均为 11.3 s，女生速度约为男生的 79.65%，400 m 跑的速度平均为 114.8 s。

（3）耐力：虽然女生的力量和爆发力较差，但在耐力、利用氧的能力、抗热的应激功能、利用体内储存的脂肪转化为能量的功能，以及身体的可训练性等方面较强。

（4）柔韧性：女生的优势较为明显，女生的关节韧带、肌肉弹性好，动作幅度大而稳定，优美性强，适合参与体操、艺术体操等运动项目。从医学角度来看，男女生之间的差异是客观存在的，无论采用什么样的训练方法和手段，重要的原则是因人而异、因材施教、个别对待，并科学安排运动的节奏。

4.血液循环的特点

在心血管系统方面，女生的心脏体积较男生小 18%左右，心缩力较好，心脏重量较男生轻 10%～15%，心脏容积为 455～500 ml，比男生小 150～200 ml，因此每搏心输出量较男生少 10%左右，为 30～50 ml。因此，女生血液运输氧和二氧化碳的能力都不及男生。

5.呼吸机能的特点

女生呼吸系统的特点是胸廓和肺脏的容积较小，通常男生肺总容量为 3.61～9.41 L，而女生仅为 2.81～6.81 L，同时呼吸肌力量较小，胸围及呼吸差也较小，且多为胸式呼吸。在安静时，女生的呼吸频率较快，每分钟较男生快 4～6 次，肺活量为男生的 70%。

男女生在四项肺活量指数（肺活量/身高指数、肺活量/体重指数、肺活量/胸围指数、肺活量/体表面积指数）方面，随着年龄的增长，其差异逐渐加大，特别是肺活量/体重指数差得非常显著，女生约比男生差 20%。女生最大吸氧量较男生小 500～1 000 ml；当肌肉活动时，肺活量通常也较男生小，加上心脏功能较男生差，这些都限制了女生在运动中的供血、供氧能力，从而使她们的运动能力和耐力不及男生。

6.生殖系统的特点

女生的子宫位于骨盆正中，呈前倾位，其正常位置的维持，依靠的是子宫韧带及腹壁、盆底肌肉张力的协同作用，通常这种维持肌力相对较弱。通过体育锻炼，可使女生的腹肌与盆底肌变得强有力，可以维持和承担足够的腹压，这对维持子宫及其他生殖器官的正常位置是很重要的。腹肌与盆底肌力量简单而有效的锻炼方法，有仰卧举腿、仰卧起坐、直立前踢腿、摆腿及大腿绕环等。

二、经期体育锻炼与卫生

在正常情况下，月经期适当参加体育锻炼是有益无害的，参加体育锻炼能改善人体的机能状态，改善盆腔的血液循环，改善盆腔内生殖器官的血液供应，减轻盆腔的充血现象，运动时腹肌和骨盆盆底肌肉的收缩与放松活动对子宫有柔和的按摩作用，还有助于经血的排出，丰富多彩的体育活动还可以调节大脑皮层的兴奋与抑制过程，从而减轻全身的不适，对身体会产生良好作用。调查表明，从事一些体操运动，对月经失调的女性能起到一定的治疗作用，有人也曾对我国业余体校 99 名女运动员进行调查表明，有 66%的人月经期运动对运动成绩无影响，有 22%的人比平时成绩有所提高，只有 9%的人运动成绩下降，因此女大学生循序渐进地养成在月经期参加运动的习惯是非常有益的。

大学阶段的女生月经周期还未完全稳定，容易受到干扰，所以月经来潮时，应适当减少体育锻炼的时间，合理安排活动内容，不可过于激烈。一般在月经期运动时，负荷量不宜过大，负荷强度也不宜过强，要循序渐进，逐渐提高强度。经期不宜安排剧烈活动，如跳跃、速度跑和腹压力加大的练习，因为此时生殖器充血、韧带松弛，剧烈活动易使子宫位置改变和造成经血过多。

调查表明，部分女生在月经期运动时的经血量与在月经期不运动时的经血量相比变化不大；多数女生在月经期运动时经血量增多，少数女生经血量减少；也有个别女生在月经期从事训练出现月经失调、经血量过多、痛经、闭经、月经周期紊乱等现象。对于经血量过多、过少、周期紊乱及痛经的女生，在经期前半段可减少体育锻炼，在经期后半期可根据不同体质和不同人的特点酌情参加适量的体育锻炼。

从事专业运动的女生出现痛经、闭经或月经紊乱的现象较为多见，痛经常伴有易激动、腰痛、下腹痉挛、头痛、恶心、呕吐等症状。只有专业运动员和平时在月经期经常锻炼的女生，才可以在月经期参加比赛或进行高强度的训练，不提倡一般大学生在月经期参加比赛和高强度训练，如果有严重的痛经、经血量过多、子宫功能性出血、生殖器官炎症等出现，则不宜参加体育锻炼。

女生在月经期进行体育锻炼，应注意下述几点：

1.运动量要适当减少

在月经期，女生的锻炼活动时间不宜过长，一般不参加比赛，因为比赛时的运动强度较大，精神十分紧张，这会给体力和神经系统带来负担，易造成经血量过多和月经紊乱。

2.避免做剧烈运动

在月经期，女生应避免做强度大或震动大的跑跳动作，如疾跑、跨跳、腾跃等，以及推铅球、后倒成桥、收腹、倒立、俯卧撑等动作。

3.不要游泳

在月经期，女生应避免游泳。因为月经期出血、子宫内膜脱落以后，在子宫内形成较大的创面，子宫颈有所肿大，宫腔与阴道口位置对直，此时身体对病菌侵袭的抵抗力下降，容易引发炎症。

4.区别对待

对于月经紊乱、经血量过多或过少、经期不准、痛经和患有生殖器炎症的女生，在月经期，应暂停体育锻炼。

5.注意习惯

对于身体健康、月经正常且有一定锻炼基础的女生，可根据个人习惯进行活动。如在经期第 1、第 2 天，可进行强度较小的体育锻炼，如做广播操、垫排球等；第 3、第 4 天可逐渐加大运动量，如慢跑和进行球类活动；第 5、第 6 天即可正常参加锻炼。

为了及时了解和掌握女生的月经情况，可建立“月经卡”（见表 7-1）制度，以便合理安排运动量。

表 7-1　月经登记卡（月经卡）

行经日期	年　月　日至　年　月　日　　共　天										
经期身体反应											
月经日程	第 1 天	第 2 天	第 3天	第 4 天	第 5天	第 6 天	第 7 天	第 8 天	第 9天	第 10 天	第 11 天
月经量											
月经期参加体育活动情况											
备注											

注：

1.经期活动情况分：全休、减量活动、见习、轻微活动。

2.月经量：量少填“+”，中等填“++”，量多填“+++”。

3.经期活动情况反应分：差、一般、良好。

三、女大学生体育锻炼中的注意事项

（一）要循序渐进

根据机体对外界环境刺激的适应规律及运动条件反射的建立和巩固规律，锻炼要由慢到快，掌握运动技术要由易到难，运动量要由小到大。

（二）要有系统性

体育锻炼要保持经常性和规律性，合理安排锻炼、学习和休息的时间，不要“三天打鱼，两天晒网”，要持之以恒，并有计划安排。

（三）要有全面性

体育锻炼应使身体形态、各器官系统的功能得到良好发展，不仅要提高身体对外界环境变化的适应能力、对疾病的抵抗力，而且在身体运动素质方面也要提高，如速度、力量、耐力、灵活性、柔韧等方面。除此之外，还要培养女生良好的意志力。

（四）要区别对待

每人有各自的特点，要根据自己的具体情况（如健康状况、身体条件、爱好），采取不同的体育锻炼方式。

（五）考虑青春发育期女生的心理特点

在体育锻炼开始时，要选择一些学生较为感兴趣的项目，逐步养成自觉参加体育锻炼的习惯。

（六）饮食要有合理性

经常参加体育活动，既可保持健美体型，对健康也有极大的好处。在营养要求方面，根据女生的生理特点，在一些物质要求上有其特殊性。运动量越大，身体需要补给的能量要求就越多。研究表明，一般成年女生，每日能量消耗约为 9 200 kJ（2 200 kcal）。国内外专家又提出，这一推荐值过高，当女生的锻炼运动量较大时，每日对蛋白质的需要量平均为 94 g，约占总耗能量的 35%，对糖的需要量平均为 300 g，约占总耗能量的 49.4%。女生在参加体育锻炼时，除了要注意能量摄入的合理性之外，还应注意铁、钙、维生素等营养素的补充。女生在青春期对铁的要求量比男生多，主要是由于月经期失血造成的。经常参加体育锻炼的女生每日对铁的需要量为 10～20.8 mg，含铁质丰富的食物有豆类，包括豌豆、蚕豆、大豆、扁豆等。新鲜的水果、谷类、家畜的血和肝等动物类食品也含有的铁，人体较易吸收，吸收率可达 25%，同时也不受其他食物的干扰。植物性食品中所含的铁不易被人体吸收、利用，其吸收率仅为 3%，而且易受食物中其他成分的影响。如果在食用富含铁的食物的同时，吃富含维生素 C 的食物，将有助于机体对铁的吸收，如饭后吃一个富含维生素 C 的水果，铁的吸收率即可提高 3～5 倍。

经常参加体育锻炼的女生还应注意补钙、补镁。镁是细胞中重要的阳离子，它可激活多种酶系，参加体内蛋白质的合成和肌肉的收缩，直接影响运动能力。因此，应多吃一些奶制品、虾米、虾皮、鱼贝类水产品、豆类、粗粮、水果等含钙和镁丰富的食品。

国外专家证明，运动女生还应该补充维生素 B_2，它在人体的蛋白质、脂肪和糖的代谢中起着重要的作用，女生在锻炼中要想消耗多余的脂肪、练就强壮的肌肉，就需要补充额外的维生素 B_2，每天的补充量为 5～50 mg，应多吃动物的肝和肾、蛋黄、黄鳝和干豆类食品。同时，也要注意维生素 B 复合物、维生素 C 及维生素 E 的补充，锻炼后要注意放松运动。

（七）要保持运动服装清洁

体育锻炼时穿的运动服装要适合天气变化，符合运动项目的特点与要求。

参 考 文 献

[1]肖祥，江立勇，陈斯. 新编大学生体育与健康[M]. 上海：上海交通大学出版社，2012.

[2]乔德平，陈永新，陈毕栋. 大学体育教程[M]. 兰州：兰州大学出版社，2010.

[3]赵斌，陈上越. 运动保健[M]. 桂林：广西师范大学出版社，2008.

[4]孙麒麟. 大学生体育与健康[M]. 上海：上海交通大学出版社，2008.

[5]邹继豪，孙麒麟. 体育与健康教程[M]. 沈阳：辽宁大学出版社，2007.

[6]张桂梅. 现代大学体育选项教程[M]. 北京：人民体育出版社，2009.

[7]王波，夏五四，马明珠. 大学体育[M]. 北京：教育科学出版社，2010.

[8]许万林. 大学体育[M]. 西安：陕西人民出版社，2006.

[9]曾智，杨雄. 大学生耐力素质的动态分析——以娄底职业技术学院2021—2023级学生为例[J]. 四川体育科学，2024，43（3）：129-133.

[10]荣誉磊，陈大权. “五育并举”视域下高校体育育人价值探究及育人模式创新[J]. 学园，2024，17（16）：7-9.

[10]邢界菊. “双减”背景下中小学体育教学优化策略研究[J]. 考试周刊，2024（20）：132-135.

[11]洪定腾. 发展“数字体育”助力北京青少年体育工作[J]. 北京观察，2024（5）：30.

[12]李静，邹青海. 智慧校园背景下大学生体育锻炼习惯养成的影响因素、动力机制及实践路径[J]. 新体育，2024（10）：1-4.